Falk Wieland

Krabbe, Hecht und Blasentang

Für Sabine und
Natalie

Falk Wieland

Krabbe, Hecht und Blasentang

Schnorchel-Abenteuer in der Ostsee

HINSTORFF

Schauen lernen – Beobachtungen im Meer

Die Entdeckung des Unbekannten ist oft ebenso reizvoll wie unbequem. Dinge, die wir aus Büchern und Filmen zu kennen meinen, stellen sich bei eigenem Erleben oft ganz anders dar. Die persönliche Entdeckung des Meeres wird zu einem Abenteuer, wenn wir uns nicht mit den Schautafeln und Aquarien von Museen zufrieden geben. Kinder lieben Abenteuer über alles, und Erwachsene fühlen sich dabei wieder jung.

Das Meer hält sich selbst und uns als Gäste auf Zeit in Bewegung. Das Meer wird uns niemals langweilen, denn es steckt voller Geheimnisse. Nur zu gern würden wir ein wenig ergründen von jenem rätselhaften Geschehen am Meeresgrund: Nach der Heimkehr von der Ostsee erzählen zu können von jenem Aal, der – mindestens einen Meter groß und armdick – im Schein der wasserdichten Taschenlampe zu sehen war?

Eigene Erlebnisse im Meer sind etwas, was für immer bleibt. Unendlich wertvoller als das schönste maritime Souvenir.

Fernsehfilme lassen uns glauben, im Meer könne man nur mit einem Tauchgerät beobachten. Doch so ist es nicht, denn die schönsten Szenen spielen sich dort ab, wo es flach ist, wo ein großer Teil des Sonnenlichtes eindringen kann, wo bei geeignetem Untergrund Pflanzen wachsen. Beobachtungen in dieser Flachwasserregion des Meeres sind für jeden möglich, der bei sommerlichen Wassertemperaturen baden geht.

Beobachtungen im Meer sind manchmal das sprichwörtlich Einfache, das schwer zu machen ist. Zuweilen haben wir Gelegenheit, an den Pfosten von Landebrücken oder den Spundwänden von Hafenkais hinabzusehen ins Wasser. Oft ist es erstaunlich klar, weit können wir in die Tiefe blicken. So meinen wir, dass die interessanten Details des Meeres doch leicht zugänglich sein müssten, zumindest jene im flachen Wasser, wenn wir uns nur die Zeit dafür nehmen würden.

Doch schon leichteste Kräuselwellen im Sonnenlicht können die Schau auf die Geheimnisse unseres Hausmeeres völlig verhindern. Selbst wenn der Wasserspiegel recht glatt erscheint, bleibt das Problem der Spiegelungen. Zu anderen

Zeiten wiederum ist das Meer bewegt, das Wasser erscheint trübe, voller Treibsand und abgerissener Tangstücke. Dann geht nichts. Was tun?

Eigene Beobachtungen im Meer beginnen am Spülsaum der Ufer. In den am Sandstrand aufgehäuften, bei Sturm angespülten Dingen des Meeres können wir meist sehen, welche Pflanzen und Algen der Wasserspiegel verbirgt, welche Muscheln und Schnecken am Meeresgrund zu erwarten sind.

Sobald das Meer ruhig und klar genug für live-Beobachtungen ist, haben wir mehrere Möglichkeiten:

Leicht kann man barfuß oder mit Gummistiefeln im Flachwasser herumlaufen und das Leben dort einfach von oben betrachten. Dabei wird so mancher Fisch für Aufregung sorgen. Oft werden Jungfischschwärme oder auch rötliche Schwimmgrundelschwärme vor uns her schwimmen, beinahe spielerisch fliehen und dann wieder in ihr angestammtes Revier zurückkehren.

Wenn das Wasser glatt und wellenlos daliegt, kann eine Polarisationsbrille die immer hinderlichen Spiegelungen an der Wasseroberfläche hinwegnehmen und wir entdecken viel mehr: etwa die Sandrippeln mit den Bauten der Wattwürmer oder einzelne Muscheln, auf denen kleine Tange wachsen.

Polarisationsfilter und Polarisationsbrillen lassen das Licht nur in einer Schwingungsebene durch und beseitigen dadurch scheinbar (für den Betrachter oder die Kamera) lästige Reflexe. Außerdem bewirken Polbrillen eine erhöhte Farbsättigung der betrachteten Ansichten. Sie helfen also bei starkem Sonnenlicht sehr, von außen Einblick in die Unterwasserwelt zu nehmen. Allerdings entfalten sie ihre „entspiegelnde" Wirkung nicht bei allen Blickrichtungen gleichermaßen. Man muss sich damit erst einsehen und starkes Seitenlicht ist am günstigsten.

Eine weitere Möglichkeit für Betrachtungen des Meeresgrundes bietet ein Guckkasten oder Batiscope. Das ist ein rohr- oder trichterförmiges Kunststoffteil, an dessen wasserseitigem Ende eine Glasscheibe eingesetzt ist. Man watet im Wasser umher, und wenn ein bestimmter Fleck des Meeresbodens interessant erscheint, taucht man das Batiscope ein und schaut von oben hinein. Bei flachem und klarem Wasser kann man nun den Grund genau so gut sehen wie durch eine Tauchermaske beim Baden. Natürlich ist dieser Guckkasten auch von niedrigen Stegen oder vom Ruderboot aus einsetzbar. Kinder lieben den Blick durch das Batiscope und es wird sogar in der Wissenschaft eingesetzt.

Mit dem Batiscope wird schnell sichtbar, dass die Tiere der Ostsee interessant, aber nicht ganz so farbenprächtig wie etwa Korallenfische sind. Die Tierwelt des Baltischen Meeres trägt eher gedeckte Farben und die Unterwasserverhältnisse erscheinen auf den ersten Blick beinahe etwas monochrom. Doch genau das macht Beobachtungen in der Ostsee so spannend: Man muss genau hinsehen, aufmerksam beobachten, sich anstrengen für Entdeckungen. Und darin besteht die Herausforderung der Ostsee: Viele Organismen sind „clever" getarnt!

Durch ein Batiscope zu schauen beseitigt störendes Nebenlicht, Reflexionen auf der Wasseroberfläche und auch geringfügiger Wellengang kann unsere Betrachtungen dann nicht mehr beeinträchtigen. Im einfachsten Falle tut es auch ein Topf ohne Boden oder ein Stück Rohr von etwa Gesichtsdurchmesser, das ebenfalls Spiegelungen und bewegtes Wasser im Feld der Beobachtungen verhindert.

Doch man kann sich auch in Badesachen ins Meer wagen. Um etwas von der Unterwasserwelt zu sehen, sollte man eine Schwimmbrille oder eine Tauchermaske verwenden. Eine Schwimmbrille ist jedoch nur ein Notbehelf, der nicht uneingeschränkt empfohlen werden kann. Mit ihr sollte man nur von der Wasseroberfläche aus schauen, denn sie schützt die Augen zwar vor dem Salzwasser, aber beim eventuellen Abtauchen ist kein Druckausgleich möglich.

Günstiger ist in jedem Falle die Verwendung einer Tauchermaske. Diese wird beim Abtauchen in einen halben oder einen Meter Tiefe zwar ebenfalls vom Wasserdruck an das Gesicht gepresst, dabei ist aber ein Druckausgleich möglich, denn: In einer Tauchermaske bleibt die Nase mit eingeschlossen. Dadurch hat man die Möglichkeit, ein wenig von der eingeatmeten Luft in die Tauchermaske auszuatmen und verhindert damit sicher ein lästiges Druckgefühl. Die meisten Menschen tun dies unwillkürlich und müssen es gar nicht lernen.

Bei Verwendung einer Tauchermaske heißt die Devise: So nahe wie möglich heran an das, was man gern sehen würde.

Im Flachwasser bedarf es genauester Beobachtung, um ...

... Details wie diesen gut getarnten Plattfisch zu entdecken.

Unsere Ostsee ist ein planktonreiches Meer, zahlreiche kleine Pünktchen, im Wasser verteilte pflanzliche Zellen, färben ihr Wasser grünlich. Dadurch ist die Horizontalsicht im Wasser eingeschränkt.

Wenn wir im Wasser 6–10 Meter weit sehen können, sind das sehr gute Bedingungen in der Ostsee. Normal sind Werte von bis zu fünf Meter. Das ist nicht brillant, aber für unsere Beobachtungen und für tolle Urlaubserinnerungen bei weitem ausreichend.

Mit einer einfachen Tauchermaske vor dem Gesicht ergeben sich vielfältige Beobachtungsmöglichkeiten. Man kann nicht nur allein schwimmend oder auf dem Wasser liegend zum Grund sehen, man kann auch auf Schwimmringen oder einer Luftmatratze die Unterwasserbeobachtungen ganz einfach und bequem gestalten. Ein echter Urlaubsspaß! Selbst die Kleinsten, die vielleicht noch von Schwimmärmeln über Wasser gehalten und von besorgten Eltern beaufsichtigt werden, können einen Blick unter Wasser werfen. Selbstverständlich nimmt nach solchen Erlebnissen die Motivation zum Schwimmen lernen erheblich zu.

Noch mehr Freude macht es jedoch, das Schnorcheln zu erlernen. Am Anfang genügt es völlig, mit Maske und Schnorchel auf der Wasseroberfläche still zu liegen und zu schauen, langsam dahinzuschwimmen oder vielleicht einen Schwimmkörper zum „Obenbleiben" zu verwenden. Wenn jedoch der

Viele Ostseetiere sind klein wie diese Seenadel und in ihrem Lebensraum schwer zu entdecken.

Miesmuscheln, Polypen und Tange vereinigen sich zu den hübschen Miniaturen der Ostsee.

Wunsch nach größeren Touren im Meer aufkommt, ist ein gewisses Üben mit Maske, Schnorchel und Flossen unerlässlich. Doch danach können wir über den flachen Seegraswiesen dahingleiten und beobachten. Mit etwas mehr Übung wagen wir es, hinauszuschwimmen zu den Buhnen, den Sandbarren im freien Wasser und zu der magischen Welt der Findlinge. Im Laufe der Zeit werden die Bewegungen flüssiger, das Abtauchen eleganter und die Atmung leiser. Wellen schrecken uns nicht. Wir sind Gäste im Meer und das Meer lässt uns teilhaben an seinem Leben.

Alle Beobachtungen haben ihre Zeit und Randbedingungen. Wer spezielle Dinge sucht, muss sich fragen, ob es gerade die richtige Jahreszeit ist.

Wer von der Wasseroberfläche aus beobachtet, sollte das rund um die Mittagszeit tun, wenn am meisten Licht ins Wasser fällt und am wenigsten reflektiert wird. Viele Entdeckungen unter Wasser sind jedoch nur möglich, wenn der Beobachter das Licht von schräg hinten oder von der Seite hat. Dann treten die Organismen am Grunde plastisch hervor und die Partikel im Wasser streuen das Licht nicht so diffus wie bei Gegenlicht.

In direktem Gegenlicht wiederum können speziell die Pflanzen und Algen oder Tange des Wassers wunderschön aussehen. Bei der Betrachtung von scheuen Fischen sollte gerade ein Schnorchler darauf achten, dass sein Schatten nicht auf das Tier fällt. Sonst flieht es womöglich mit unerhörter Geschwindigkeit. Außerdem ist es für viele Beobachtungen von Vorteil, im großen Bogen zu einer bereits besichtigten Stelle zurückzukehren. Viele Tiere sind standorttreu und bereits kurze Zeit nach einer Beunruhigung wieder „zu Hause". Das gilt besonders für Stellen, wo man vielleicht beim Ins-Wasser-gehen bemerkt, dass interessante Meeresbewohner das Weite suchen.

Beim Schauen mit Maske und Luftmatratze ebenso wie beim Schnorcheln ist es günstig, zunächst so weit hinauszuschwimmen, wie man es für richtig hält, und sich dann im Zuge der Beobachtungen vom tieferen zum flacheren Wasser zu bewegen. Diese stetige Bewegung in Richtung Ufer stellt eine Sicherheitsfrage dar. Es ist ungleich gefährlicher, im Zuge interessanter Beobachtungen unmerklich in immer tieferes Wasser zu geraten und sich dann weit draußen ermüdet zu fühlen.

Das Schnorcheln hört sich einfach an, doch wer es erlernt, hat grundlegende Techniken verstanden und gleichzeitig

Ausdauer für den Tauchsport antrainiert, vor allem jedoch ein Gefühl für das Wasser und den Lebensraum Meer bekommen. Angst hilft nicht weiter, doch überlegt und respektvoll sollte man sich schon im Meer bewegen. Obwohl man sich mit einer Polarisationsbrille, mit Gummistiefeln und Batiscope oder auch per Luftmatratze und Tauchermaske einen Teil des Lebens im Flachwasser zugänglich machen kann, ist das Schnorcheln die beste und eleganteste Methode für Beobachtungen im Meer ohne Tauchgerät.

Deshalb wollen wir im folgenden einiges über das Schnorcheln lesen, wobei diese Zeilen ausschließlich Anregung sein sollen, Training, Übung sowie vielleicht sogar einen Kurs können sie nicht ersetzen.

Schnorcheln – die stille Kunst der Bewegung im Wasser

Das Schnorcheln ist eine Kunst, die sich sichere Schwimmer wahrscheinlich selbst beibringen können. Man sollte dazu im Kraulen oder Freistilschwimmen geübt sein. Schnorcheln heißt auch ABC-Tauchen, weil man dazu nur Badesachen und das „ABC" taucherischer Grundausrüstung, nämlich Maske, Schnorchel und Flossen, benötigt.

Das Schnorcheln ist nicht etwa ein „Notbehelf" für Leute, die eigentlich gern mit Pressluftgerät tauchen würden, es ist viel mehr: Schnorcheln ist die leiseste und naturschonendste Methode der Unterwasserbeobachtung. Selbst gestandene Taucher gehen gern schnorcheln.

Denn: Beim Gerätetauchen „blubbert es", steigen die Blasen der Ausatemluft im Wasser auf und verursachen relativ viel Lärm. Das vertreibt allerhand scheue Tiere, an die ein Schnorchler mühelos herankommt. Selbstverständlich muss man vorsichtig und geräuscharm durch den Schnorchel atmen und lautes Flossenplatschen vermeiden.

Die Maske ist der wichtigste Gegenstand und alles andere kann man auch nach und nach hinzufügen. Grundbedingung für den Erwerb einer Tauchermaske sollte sein, dass die Scheibe aus splitterfreiem Sicherheitsglas (meist Aufschrift „tempered glass") besteht. Kunststoffscheiben hinge-

Allein mit Maske und Schnorchel können wir unmittelbar am Leben des Meeres teilhaben und an diesen Buhnen ...

... bei genauer Betrachtung wunderbare kleine Blumentiere entdecken.

gen beschlagen unter Wasser stark und sind leicht zu zerkratzen. Einfache Glasscheiben können splittern.

Eine Tauchermaske muss genau und ohne zu drücken passen, einen Extraraum für die Nase, den sogenannten Nasenerker, haben und ein breites Maskenband besitzen. Der sicherste Maskentest außerhalb des Wassers ist der, bei dem Sie die Tauchermaske Ihrer Wahl ohne Verwendung des Maskenbandes leicht ans Gesicht drücken und ein wenig einatmen. Die Maske sollte dann ohne weiteres Festhalten am Gesicht haften und es darf nirgends Luft nachströmen, auch nach einigen Sekunden nicht. Natürlich müssen Sie auf zwei Dinge achten: Zum einen kann die Maske wirklich nicht passen und Sie sollten gewärtig sein, das noch nicht erworbene Stück jederzeit aufzufangen. Zum anderen dürfen natürlich weder ins Gesicht hängende Haare noch ein Stück Maskenband eingeklemmt sein, denn dann wird auch die beste Maske nicht dicht sein.

Eine mit einem solchen „Ansaugtest" geprüfte Maske dichtet im Wasser mit Ihrem Gesicht meist ab und Sie haben auch einen Eindruck, ob die anatomische Passform Ihren Erwartungen entspricht. Zu dieser Passform gehört, dass die Nase in der gewählten Maske genug Platz hat und es Ihnen leicht möglich ist, sich mit aufgesetzter Maske per Daumen und Zeigefinger die Nase zuzuhalten. Zudem haben Sie die Möglichkeit, einen Maskenkörper aus schwarzem Gummi oder glasklarem Silikon zu erwerben. Das ist Geschmackssache. Der schwarze Maskenkörper verhindert störende Lichtreflexe im Maskenkörper, ja kann sogar die Beobachtung und Konzentration auf bestimmte Dinge erleichtern. Ein klarer Maskenkörper hingegen macht den Unterwasseranblick scheinbar heller und freundlicher und vermittelt dem einen oder anderen mehr Sicherheit im Wasser.

Zur Sicherheit kann ferner gehören, dass es für Brillenträger Masken mit wechselbaren Gläsern gibt. Vielleicht haben Sie ja an Ihren Beobachtungen im Meer solche Freude, dass Sie sich später optische Gläser einsetzen lassen möchten. Sofern Sie Haftschalen vorziehen, sind diese problemlos in einer gewöhnlichen Tauchermaske verwendbar.

Wenn das Schnorcheln den Hauptakzent setzt, sind Masken mit kleinem Innenraum oder Totraum immer günstiger als „voluminöse vollverglaste Aquarien". Dennoch, wenn Ihnen ein kleines Gesichtsfeld unangenehm bis hin zur Platzangst sein sollte, dann wählen Sie lieber ein aufwendigeres Maskenmodell mit Seitenfenstern. Bei langen Haaren ist die Verwendung eines Neoprene-Maskenbandes empfehlenswert. Dieses gleitet besser übers Haar und „ziept" nicht.

Wer noch nie mit einer Tauchermaske im Wasser war, sollte vielleicht erst einmal beim Brustschwimmen oder sogar im Wasser stehend probieren, den Wasserspiegel auf die Mitte der Maskenscheibe ansteigen zu lassen. Man kann den Blick wahlweise auf den Unterwasserteil oder die Überwasseransicht richten und sich an die neue Situation gewöhnen, insbesondere an die Atmung durch den Mund.

Auch die beste Tauchermaske beschlägt. Das verhindert man zuverlässig, indem man vor dem Schnorchelausflug in die noch trockene Maske spuckt, den Speichel innen über die ganze Scheibe verteilt und dann mit Meerwasser kurz ausspült. Neu erworbene Silikonmasken beschlagen manchmal lange Zeit. Diese Erscheinung wird von dem noch anhaftenden Trennmittel verursacht, das bei der Herstellung nötig war, um die Maske aus der Form zu lösen.

Was kann man dagegen tun? Es hat sich bewährt, die Maske mehrfach innen mit Spülmittel, manchmal auch mit Zahnpasta zu putzen. Notfalls kann man sie in Cola legen und ausspülen. Es ist ein Leichtes, den Kopf zum Atmen aus dem Wasser zu heben. Langsam gewöhnt man sich an die

Maske, in welchem Schwimmstil auch immer, und bald auch an den „Komfort", in jedem beliebigen Augenblick auf den Meeresgrund sehen zu können. Auch anrollende, zuweilen ins Gesicht schlagende Wellen spielen plötzlich keine Rolle mehr, sind ganz im Gegensatz zum Dasein ohne Tauchermaske eine Quelle der Erheiterung.

Doch bald werden Sie anspruchsvoller: Sie wollen ständig unter Wasser sehen, weil Sie offenbar so manches verpassen, wenn Sie das Gesicht zum Atmen aus dem Wasser heben.

Nun schlägt die „große Stunde" des Schnorchels. Das Atmen durch das gebogene Schnorchelrohr ermöglicht es Ihnen, nahezu die ganze Schwimmzeit nach vorn beziehungsweise auf die Unterwasserwelt zu blicken. Außerdem erzwingt der Schnorchel nunmehr das Atmen durch den Mund über längere Zeiten hinweg.

Weil es gar nicht so leicht ist, den Schnorchel im wellenbewegten Meer wasserfrei zu halten, gewöhnen Sie sich eine wichtige Sicherheitsmaßnahme, einen regelrechten Reflex, an: Wann immer Sie einatmen und Luft schöpfen möchten, der erste Schritt dazu ist stets ein stoßartiges Ausatmen, das Ausblasen des Schnorchels. Dadurch wird eventuell eingedrungenes Wasser sicher entfernt und Sie können einatmen, ohne sich zu verschlucken.

Schnorchel sollten einfache Kunststoffrohre mit weichem Mundstück sein. Faltenschläuche am unteren Schnorchelende lassen sich schlecht ausblasen und neigen zu hartnäckig festsitzenden Verunreinigungen. Obwohl es viele Schnorcheltypen mit den tollsten Ventilkonstruktionen gibt, die das Wasserfreihalten des Schnorchelrohres ohne Mühe versprechen, ist ein einfacher Schnorchel die sicherste Sache. Sie *wissen*, dass Wasser eindringen kann, und blasen ihn *immer* vor dem Einatmen aus. Wenn hingegen die kleinen Kunststoffventile eines tollen Ventilschnorchels durch die allgegenwärtigen Ostseesandkörner einmal undicht werden, passiert bei dieser komplizierten Schnorchelbauart – bei der Sie normalerweise nicht viel tun müssen, um den Schnorchel wasserfrei zu halten – Folgendes: „Er säuft ab." Und Sie atmen ebenso überrascht Wasser ein, was Ihnen mit dem antrainierten „Stets-zuerst-ausblasen-Reflex" nie passiert wäre. Schnorchel sollten nicht mehr als 30–40 cm lang sein. Sie müssen sich gut am Maskenband befestigen lassen. Schnorchel für Erwachsene haben etwa 20 mm Durchmesser, für Leute mit großem Lungenvolumen können bis zu 23 mm sinnvoll sein. Schnorchel für Kinder haben sinnvollerweise einen Durchmesser von etwa 16 mm. Hier gilt keinesfalls „viel hilft viel", denn auch wenn man bei größerem Durchmesser scheinbar schnell viel mehr Luft bekommt, so hat man doch vorher viel mehr Totraum auszublasen.

Am besten kaufen Sie den Schnorchel zusammen mit der Maske, selbst wenn Sie ihn erst später verwenden wollen. Im Idealfall hat natürlich Ihr ganzes „ABC-Zeug" ein zueinander passendes Design. Wichtig am Schnorchel ist vor allem ein gut passendes, nicht auf das Zahnfleisch drückendes Mundstück: Das werden Sie zu schätzen wissen, sobald Sie eine Stunde und länger begeistert im Meer herumschnorcheln.

Das Mundstück sollte sich am Schnorchelrohr drehen lassen, damit Sie eine angenehme Position einstellen können. Sinnvoll ist außerdem, wenn das Schnorchelrohr signalfarbig ist oder wenigstens am oberen Ende einen hellroten oder rot-orangen Streifen hat. Es kann lebensrettend sein, wenn Motorbootfahrer oder Surfer, mit deren Anwesenheit Sie nicht rechneten, diesen roten Punkt im Wasser wahrnehmen.

Mit Flossen zu schwimmen ist ein berauschendes Erlebnis. Sie kommen viel schneller vorwärts als ohne diese Hilfe. Gleichzeitig werden Sie nach kurzer Zeit spüren, dass das Flossenschwimmen auch viel mehr Kraft benötigt und mehr „Energie zieht" als normales Schwimmen. Doch die energetische Gesamtbilanz ist eher günstig: Flossenschwimmen strengt etwas mehr an, dafür sind Sie schneller am gewünschten Platz Ihrer Beobachtungen, etwa dem seeseitigen Ende einer Buhnenreihe, und kühlen entsprechend kürzere Zeit aus.

Zum Flossenschwimmen ist zu sagen, dass der Beinschlag harmonisch und beinahe aus Hüfte und Oberschenkel heraus mit nahezu gestreckten, höchstens leicht gebeugten Beinen erfolgen sollte.

Es erweist sich als wesentlich vorteilhafter, relativ flache Flossenschläge mit kleiner Amplitude zu machen als mit schnellen großen Schlägen sehr rasch irgendwo sein zu wollen. Aus den Knien heraus mit den Flossen zu strampeln ist

Ihr stilles und gekonntes Abtauchen in den Lebensraum Flachwasser garantiert, ...

... dass interessante Meeresbewohner wie dieser Butterfisch nicht entfliehen.

ungünstig. Man muss versuchen, sich so lang wie möglich zu machen, zu fühlen, wie die Flossen die eigene Körperachse nochmals verlängern, und möglichst elegant durch das Wasser dahingleiten. Es hat sich bewährt, die Arme beim Flossenschwimmen gestreckt nach vorn zu halten und zum Steuern zu benutzen. Denn bald macht man „alles" mit den Flossen und die Arme bleiben frei für den Fall, dass unter Wasser etwas getan, zum Beispiel eine Kamera bedient oder etwas berührt werden soll.

Die Flossenblätter sollen beim Schwimmen im Wasser bleiben und die Wasseroberfläche nur leicht verwirbeln – wenn es hinter Ihnen laut platscht und spritzt, ist es noch wenig perfekt. Zum Thema Geschwindigkeit und Anstrengung genügt es vermutlich zu erzählen, dass im Wasser eine Verdopplung der Schwimmgeschwindigkeit den achtfachen Energieverbrauch nach sich zieht. Ein relativ dichtes Medium!

Sobald Sie sich beim „Gerade-aus-und-obenlang"-Flossenschwimmen sicher fühlen, sollten Sie eine wesentliche Übung probieren: das Abtauchen. Dazu knickt man „in voller Fahrt" waagerecht an der Wasseroberfläche schwimmend in der Taille ab, die Arme lenken nach unten. Einen kurzen Moment lang bilden die in die Tiefe ragenden Arme und der Oberkörper zu den waagerecht an der Wasseroberfläche befindlichen Beinen mit den Flossen einen rechten Winkel.

Nun werden die Beine ruckartig nach oben gestreckt. Damit steht Ihr Körper für Sekundenbruchteile senkrecht und halb eingetaucht wie eine Pose beim Angeln im Wasser. Im Idealfall ragen nun Ihre Beine schräg oder fast senkrecht einen Meter über die Wasseroberfläche hinaus. Und dieses selbst erzeugte „Übergewicht" an der Luft schiebt Sie schwunghaft in die Tiefe.

Leicht verfällt man in den Fehler, bereits die Beine mit den Flossen zu bewegen, wenn sich die Flossen noch an der Luft oder an der Wasseroberfläche befinden. Doch das wirklich elegante Abtauchen geschieht beinahe lautlos: Die emporgereckten Beine schieben Sie ohne jedes Platschen in die Tiefe und die Flossen werden erst eingesetzt, wenn sie auch „greifen", also unter Wasser.

Nachdem Sie das geräuscharme Abtauchen beherrschen, wird sich kaum noch ein Tier entfernen, das Sie gern nah sehen würden. Sobald Sie etwas Interessantes von der Wasseroberfläche aus erspähen, tauchen Sie wenige Meter entfernt lautlos ab und gleiten dicht über den Meeresboden schwimmend still heran ans „Objekt der Begierde".

Wenn Sie auch nur einen Meter abtauchen, werden Sie in den Ohren und Nasennebenhöhlen ein lästiges Druckgefühl verspüren, das bei Nichtbeachtung schmerzt. Dies bedeutet, dass Sie den Druckunterschied zwischen dem Druck der aufgesuchten Tiefe und dem Körperinneren ausgleichen müssen. Meist genügt es, zu gähnen oder zu schlucken. Dann strömt ein Teil der in der Lunge eingeschlossenen Luft, die durch den Wasserdruck auf den Brustkorb den „richtigen Druck" hat, in die knöchernen Höhlen des Kopfes über und schafft Erleichterung.

Falls das nicht wirkt, halten Sie sich durch den Nasenerker der Tauchermaske hindurch die Nase zu und pressen Luft in die Nase, als ob Sie sich schnäuzen wollen. Dann stellt sich der Druckausgleich ein.

Wenn Sie einige Zeit geschnorchelt sind, werden Sie leicht mehrmals hintereinander für jeweils etwa eine Minute auf den Meeresgrund abtauchen können. Bei diesen Tauchausflügen mit angehaltenem Atem sollten Sie sich auf Tauchzeiten beschränken, die Sie leicht schaffen können. Die mit geringer Anstrengung erzielbare Dauer wird unmerklich länger werden.

Mühsam längere Tauchzeiten mit angehaltenem Atem zu erzwingen, um anderen Menschen zu imponieren, ist gefährlich. Wer mit angehaltenem Atem (in Apnoe) taucht, bis kurz bevor man das Gefühl des „Schwarz-vor-Augen-werdens" bekommt, riskiert wegen Sauerstoffmangels im Blut eine plötzliche Bewusstlosigkeit, den sogenannten Flachwasser-Blackout. In diesem Falle würden Sie ertrinken, wenn niemand zu Hilfe kommt. Aber das passiert Ihnen nicht, wenn Sie das Schnorcheln locker und unangestrengt betreiben sowie als Partnersport sehen, also niemals allein im Meer sind.

Wenn Sie mehrmals tief durchatmen und dann abtauchen, können Sie vielleicht etwas länger tauchen. Die meisten Menschen glauben, man würde dabei das Blut geringfügig stärker mit Sauerstoff anreichern. Doch so ist es nicht! Auch wenn Sie viele Male tief ein- und ausatmen, bleibt der Sauerstoffgehalt im Blut, wie er ist. Sie senken lediglich den Kohlendioxidgehalt im Blut, welches sich leicht abatmen lässt. Der Atemreflex des Menschen wird jedoch genau über diesen Kohlendioxidgehalt gesteuert. Wenn das Kohlendioxid im Blut ansteigt, ist zwangsläufig viel Sauerstoff verbraucht und das Gehirn befiehlt: Atmen! Durch dieses tiefe Abatmen des Kohlendioxides schiebt man den Atemreflex hinaus, was bedeutet, dass er zu spät kommen kann. So spät, dass Sie im Extremfall unmerklich bewusstlos werden, bevor der Körper dringend nach Luft holen verlangt.

Deshalb ist dieses mehrfache tiefe Ein- und Ausatmen sehr gefährlich. In Taucherkreisen nennt man das Hyperventilation. Beschränken Sie sich im Interesse eigener Sicherheit auf „Schnorcheltauchleistungen", die Sie leicht, mit normaler Atmung, ohne Hyperventilation schaffen.

Im Meer kann immer etwas anders kommen als erwartet, so zum Beispiel, wenn Sie in eine küstenparallele Strömung geraten. Deshalb spart man klugerweise Energie, verausgabt sich körperlich niemals völlig, sollte stets Reserven haben. Für das Flossenschwimmen bedeutet das, den zusätzlichen Vortrieb durch die Flossenblätter zwar auszunutzen, aber dennoch mit zurückhaltendem Krafteinsatz zu schwimmen.

Selbstverständlich hängt der Beinschlag mit Flossen nicht allein von der willentlichen Gestaltung ab, sondern auch stark von der Kombination Ihrer persönlichen Stärke, Ihres Trainingszustandes sowie der Härte und Länge der ausge-

suchten Flossenblätter. Wenn Sie in einem Tauchsportfach-
geschäft Flossen ausschließlich zum Schnorcheln auswäh-
len, sollten Sie probeweise verschiedene Flossenblätter ein
wenig biegen und ein Blatt mittlerer Härte wählen. Wer bis-
lang noch wenig Versuche auf diesem Gebiet gemacht hat
ist sogar mit einem weichen Blatt gut beraten. Außerdem
wählt man speziell zum Schnorcheln eine Flosse mit
geschlossenem Fußteil, eine sogenannte Schuhflosse.

Im Gegensatz zu einem Laufschuh muss das Flossenschuh-
teil recht straff an Ihrem Fuß sitzen (Aber es darf den Fuß
nicht einzwängen!), damit es sich beim Schwimmen und
Durchbiegen der Flossenblätter möglichst wenig am Fuß
bewegt, möglichst nicht reibt. Viele Schnorchler tragen sogar Socken in den Flossen, um bei langen Schnorchelaus-
flügen Blasen zu vermeiden. Die Kunst ist dann, das alles
ohne Sandkörner im Schuhteil in so etwa hüfttiefem Wasser,
womöglich bei Wellengang, anzuziehen.

Wer es gut findet kann Flossen aus schwimmfähigem
Material kaufen. Weil Sie mit Flossen überwiegend an der
oder – bei gutem Stil – dicht unter der Wasseroberfläche
„umherquirlen" werden, ist es sinnvoll, ein Paar in einer
auffälligen Signalfarbe zu wählen. Sie werden dann einfach
durch Bootsbesatzungen leichter bemerkt und sind auch auf
Entfernung ganz gut sichtbar.

Außerdem kann das Mitführen einer aufblasbaren Tau-
cherboje Ihre Sicherheitslage beim Schnorcheln verbessern.
Diese wird mit einer geeignet langen, nicht einschneidenden
Leine um die Hüfte gebunden mitgeführt und zeigt Bootsbesatzungen Ihren Standort an. Wenn Sie eine Boje verwenden, ist es empfehlenswert, dann immer wieder dicht bei ihr
aufzutauchen.

Eine solche Markierung wird in einigen Mittelmeerlän-
dern wegen des dichten Motorbootverkehrs zwingend vor-
geschrieben, wenn man außerhalb von Badeständen oder in
der Dämmerung schnorchelt. Auf der Ostsee gibt es solche
Vorschriften (noch?) nicht, aber Sie wollen ja so vernünftig
wie möglich vorgehen.

Ferner gehört es zu den Sicherheitsmaßnahmen während
des Aufsteigens, dass Sie zur Wasseroberfläche schauen,
mindestens einen Arm nach oben halten und sich ständig
um Ihre Körperachse drehen. Durch das Drehen und Nach-

oben-schauen können Sie die Aufstiegsstelle voll einsehen und vermeiden eine Kollision mit eventuell unhörbar herannahenden Hindernissen wie Surfbrettern, Segelbooten oder anderen Schwimmern. Wenn ein Aufstieg wegen „Lufthungers" unvermeidlich und dennoch etwas im Wege ist, kann man sich mit vorgehaltenen Armen wenigstens um einen Bootsrumpf oder ähnliches herumdrücken und schlägt nicht mit dem Kopf an.

Eine „echte" Tauchermaske ist das Minimum für angenehme Beobachtungen im Meer, mit Maske, Schnorchel und Flossen einer guten Qualität sind Sie für den Sommer schon recht gut ausgerüstet.

Nun gilt es zu trainieren, jedoch nicht unbedingt bewusst in Form langweiligen Streckenschwimmens, sondern durch Beobachtungstouren mit Hilfe des ABC-Zeugs. Sie werden bald fasziniert sein und sich fragen, auf welche Art und Weise Sie noch mehr sehen, ohne großen Aufwand länger, besser, angenehmer im Meer sein können.

Das nächste sinnvolle Extra ist eine Neoprene-Kopfhaube. Sie kostet nicht viel Geld, bewirkt jedoch viel: Ungefähr 30 % der im Wasser verloren gehenden Wärmemenge verlieren wir über den Kopf. Und dieser befindet sich beim Schnorcheln ja ständig im Wasser. Mit einer Kopfhaube wird der Kopf sehr wirksam vor Auskühlung geschützt und überdies verbessert sich Ihre Sicherheitslage im Wasser, denn die meisten Kopfhauben haben signalrote oder gelbe Längsstreifen. Wer bei Unterkühlung leicht Kopfschmerzen bekommt, sollte sich vielleicht von Anfang an mit einer Kopfhaube anfreunden, denn man kann auch leicht mit Maske, Schnorchel und Kopfhaube beginnen und später Flossen beschaffen.

Kein wirkliches Ausrüstungsteil, aber ein um so besserer Kunstgriff ist es, beim Schnorcheln im Hochsommer ein Sweat- oder T-Shirt zu tragen. Unglaublich aber wahr: Sie bekommen „ohne" im Wasser einen Sonnenbrand, wenn Sie oft schnorcheln und Ihr Rücken beim Schwimmen nur von wenigen Zentimetern Wasser bedeckt und lange der Sonne zugewandt ist.

Die vorstehend beschriebene Ausrüstung zu beschaffen ist keinesfalls eine Fehlinvestition, wenn Sie immer wieder am Wasser Urlaub machen, selbst wenn alles nur wenige Tage im Jahr genutzt wird.

Die nachfolgenden Empfehlungen hingegen richten sich mehr an den engagierten Amateur, den der „Schnorchelvirus" schon völlig gepackt hat, der vielleicht auch außerhalb der eigentlichen Badesaison mehr von den aquatischen Geheimnissen des Meeres beobachten möchte.

Falls Ihnen das Schnorcheln im Meer viel Freude macht, ist die Anschaffung eines Nassanzuges zu empfehlen. Die preiswerteste Variante wäre, sich auf Wassersportmessen nach sogenannten Shorties, Neopreneeinteilern mit kurzen Armen und Beinen, umzusehen. Oft tut es auch ein Surfanzug. Sonnen- und mechanischer Schutz wird auch durch Lycra-Overalls erreicht, die wie Radler- oder Gymnastikkleidung ideal am Körper anliegen. Allerdings ist die Wärmedämmung solcher Overalls gering.

Wer es richtig gut machen will sucht sich für die Ostsee einen angenehm weichen 5-mm-Nassanzug aus. Ein Nassanzug besteht aus mit Stickstoffbläschen aufgeschäumtem gummiartigem Material, das beidseitig kaschiert, das heißt mit einer Gewebeschicht versehen sein sollte. Wie der Name schon sagt, läuft in einen Nassanzug Wasser hinein, sobald Sie untertauchen. Doch nach kurzer Zeit setzt eine erstaunliche Isolationswirkung ein: Die millimeterdünne Wasserschicht zwischen Ihrer Haut und dem Anzug erreicht in wenigen Minuten nahezu Körpertemperatur und isoliert Sie von der kalten Umgebung. Dafür muss der Nassanzug allerdings so gut passen, dass dieses Wasser im Anzug während des Schwimmens nicht oder nur in geringstem Umfang wechselt. Anderenfalls hat man, wie es in Taucherkreisen heißt, „Spülung" und friert auch bald.

Aber nicht allein diese Wasserschicht hilft die Wärme besser zu halten, auch das Neoprene mit all den Gasblasen isoliert gut gegen das kühle Ostseewasser. Mit einem solchen Anzug kann man im Sommer problemlos ein oder zwei Sunden schnorcheln, ehe es frisch wird. Und auch Beobachtungen in der kühlen Vor- und Nachsaison werden möglich.

Bei hochwertigen Anzügen sind die Nähte doppelt genäht und verklebt. Die Stiche gehen nicht bis auf die Innenseite des Anzuges durch, um den Wasserwechsel gering zu halten. Signalfarbige Anzüge sind immer sicherer als blaue und schwarze, so wie bei den Kopfhauben auch. Kopfhauben kann es separat geben oder sie sind gleich mit am Anzug „dran". Sie müssen ausprobieren, was Ihnen am besten passt. Zudem verbessert sich mit einem Nassanzug Ihr allgemeiner Sicherheitsstandard, denn der Anzug schützt auch mechanisch vor Schürfwunden, die man am sich am Grunde, an Muschelfeldern oder bewachsenen Buhnen zuziehen kann. Das Problem Sonnenbrand hat sich ebenfalls erledigt und zudem können Sie im Neopreneanzug nicht untergehen, der gasgeschäumte Gummi hält Sie zuverlässig an der Wasseroberfläche.

Ja, wie taucht man denn dann ab? Bei Verwendung eines Nassanzuges müssen Sie einen Bleigurt tragen, der Sie etwa auftriebsneutral macht oder einen geringen Restauftrieb lässt. Anderenfalls liegt man beinahe hilflos „obendrauf" und kann noch nicht einmal gut Flossenschwimmen. Im Falle von echten Schwierigkeiten öffnet man den Schnellverschluss des Bleigurtes und lässt diesen auf den Grund fallen. Nun schwimmen Sie im Nassanzug gegen Kälte isoliert und „unsinkbar" oben und können gelassen Hilfe herbeirufen oder sich nach einer Pause selbst helfen.

Bleigurte haben generell eine Schnellabwurfschnalle, die man sicher mit einem einzigen Handgriff öffnen kann. Es gibt starre Gewichte und Softblei. Wenn gar nichts auf die Hüften drücken soll, kaufen Sie einen Gurt mit Taschen für Softblei. Das sind verschweißte Foliepäckchen mit tausenden winzigen Bleikügelchen darin. Diese Softbleipäckchen passen sich samt dem Gurt Ihrer Figur an ohne zu drücken, und Sie werden die meist 2-5 erforderlichen Kilo Blei im Wasser gar nicht mehr spüren.

Im ufernahen Bereich der Ostsee sollte man auf Reusenstäbe und vor allem auf Stabbojen mit kleinen Flaggen achten. An solchen Stellen sind Netze zu erwarten. Die Gefahr des Verhakens ist groß und die Fischer sehen Taucher wie Schnorchler nicht gern bei ihren Netzen. Also lieber Abstand halten.

Nach dem Schnorcheltauchgang haben Sie Ihre Ohren und Gehörgänge sehr angestrengt. Falls der Seewind bläst, ist es vernünftig, eine Mütze aufzusetzen oder wenigstens die Ohren mit einem tollen Neoprene-Stirnband zu schützen. Nachdem Sie wieder warm und trocken stecken, kommt die Ausrüstung an die Reihe. Eine gute Schnorchelausrüstung können Sie sehr lange haben, wenn Sie alles sorgfältig mit Süßwasser abspülen und im Schatten trocknen lassen.

Tausendblatt und Blasentang – unser Brackwasser-meer

Unsere Ostsee wird oft als Brackwassermeer bezeichnet. Was ist das eigentlich? Das Wort meint nichts anderes, als dass das Baltische Meer ein Gemisch aus Süßwasser und Salzwasser darstellt. Die Ostsee ist ein vergleichsweise kleines Meer. Ringsum münden mehr als 200 Süßwasserflüsse ein. Diese bewirken im Nordosten des Baltischen Meeres einen Salzgehalt von nur noch 2 Promille. All das viele Süßwasser fließt an der Oberfläche der Ostsee von Ost nach West als warme und nur wenig salzige Schicht in Richtung Nordsee ab.

Die benachbarte Nordsee hingegen ist mit 35 Promille Salz ebenso salzig wie der Atlantische Ozean. Dieses salzige Nordseewasser erreicht als Tiefenströmung durch die **Belte** und den **Öresund** die Ostsee. Das Nordseewasser ist nicht allein sehr salzhaltig, sondern auch vergleichsweise kalt. Das macht dieses marine Wasser im physikalischen Sinne dichter und damit schwer. Es bewegt sich von West nach Ost und ist oft erst in 10 oder 20 Meter Tiefe festzustellen.

Aus dem Erzählten ergibt sich, dass oberflächlich warmes „Beinahe-Süßwasser" und in der Tiefe kaltes Salzwasser aneinander vorbeifließen und sich kaum mischen. Und so ist es tatsächlich. Im Sommer wird diese Schichtung durch das von der Sonne erwärmte Oberflächenwasser und das kühl bleibende Tiefenwasser von der Natur noch stabiler ausgeprägt. Sie ist auch deshalb so deutlich, weil es in der Ostsee keine Gezeiten, weder Ebbe noch Flut, gibt.

Wenn allerdings der Wind oder sogar ein Sturm das Meer aufwühlt, findet eine Vermischung der Wasserschichten statt. Bei auflandigem Wind kann man an der Ostsee erleben, wie das Wasser am Badestrand nach einer einzigen Nacht völlig ausgetauscht erscheint: Gestern war es noch warm und schwach salzig, heute ist es schon eiskalt, stark salzig und auch etwas trüber.

Bei ablandigem Wind hingegen können flache Bereiche der Ostsee trockenfallen und es ergibt sich die Gelegenheit, den Meeresgrund zu besichtigen. Weil das vom Wind „weggezogene" Wasser den Eindruck von Ebbe vermittelt, heißen diese manchmal trockenfallenden Gebiete auch Windwatt.

Apropos „wegziehen": Wind über der See kann das Wasser mit immerhin 4 % der eigenen Geschwindigkeit mitziehen.

Das Nebeneinander von Salz- und Süßwasser macht das Leben der Tiere und Pflanzen in der Ostsee schwierig. Zwangsläufig suchen die echten Meerestiere aus der Nordsee die salzhaltigen Schichten auf und die Süßwassertiere bleiben möglichst in ihrem Milieu. Durch die Vermischung der Wasserarten entstehen jedoch weite Seegebiete mit schwach salzigem Wasser. Diese Seegebiete mit etwa 25–12 Promille Salzgehalt im Westen und um 8–5 Promille Salzgehalt im Osten liegen genau vor der deutschen Küste. Und dadurch wird es interessant: An unserer heimischen Küste leben Meeresarten neben Süßwasserarten!

Vor unserer heimatlichen Ostseeküste haben wir das einzigartige Phänomen, dass wir Hecht und Dorsch, Zander und Knurrhahn, Flunder und Barsch oder auch Hering und Plötze in einem Lebensraum nebeneinander beobachten können. Selbstverständlich kann sich nur eine Auswahl von Tier- und Pflanzenarten mit dem schwach salzigen Wasser „anfreunden".

Die Auswahl ist hart: Während es im **Skagerrak** noch etwa 1500 ozeanische Arten größerer Pflanzen und Tiere gibt, finden wir in der südlichen Ostsee nur noch etwa 150 Arten aus Süß- und Salzwasser und bei **Gotland** nur noch rund 60. Trotzdem ist die Ostsee reich bevölkert, denn die relativ wenigen Arten treten in ungeheuren Stückzahlen auf und haben alle geeigneten Lebensräume der Ostsee ausgefüllt.

Typisch Ostsee und Brackwasser: Der Hecht als größter Räuber des Süßwassers und ...

... der Dorsch können miteinander vergesellschaftet in den Bodden beobachtet werden.

Das Ährige Tausendblatt aus dem Süßwasser wächst im Brack-
wasser ...

Die jeweilige „Zusammenstellung" der Tiere und Pflanzen
hängt vom konkreten Salzgehalt ab. Einige Meeresarten
können einen gewissen Salzmangel ertragen, während wenige Süßwasserarten einen gewissen Salzgehalt bewältigen.
Und genau diese „Mixtur" aus Tieren und Pflanzen der Seen
und Flüsse sowie ozeanischer Arten finden wir in unserer
einzigartigen Ostsee.

Und der „Artencocktail" ist keinesfalls konstant: Wenn die
Winterstürme viel salziges Nordseewasser in die Ostsee drücken, gibt es wieder einmal deutlich mehr Krabben und
Meeresfische. Süßt unser Baltisches Meer über die Saison
aus, handelt ein Teil der Meeresfische nach dem Song „Go
west" und aus den Flüssen erscheinen mehr Süßwasserfische
im Meer.

Den Brackwassercharakter der Ostsee können wir uns besonders in Stillwasserbereichen hinter Sandhaken, in ge-
schützten Buchten sowie den allseits bekannten Bodden und
Haffen betrachten: Dort wachsen oft Pflanzen der Binnen-
seen und Pflanzen des Meeres vergesellschaftet.

Von den aus Seen bekannten Arten können wir Sumpf-
teichfaden, Tausendblatt, Kammlaichkraut, Nixkraut und
wenige Armleuchteralgenarten wiederentdecken. Es kann
auch Brackwasserhahnenfuß, Simsen und Schilf geben. Zu

... ebenso gut wie der allseits bekannte Blasentang.

Füßen der oft relativ hohen, langen Süßwasserarten wuchern dann marine Gewächse wie etwa Gewellter Darmtang, Meersalat, Zwergfadenalgen, Meersaiten, Gabelzweigtang, Meersalde, Sägetang, Seegras und der allseits bekannte Blasentang. Während aus dem Süßwasser viele Blütenpflanzen stammen, überwiegen bei den marinen Pflanzen die Tange, hochentwickelte Algen. Nur die Seegrasarten sind marine Blütenpflanzen.

Wer genau beobachtet, findet oft gewisse Pflanzenzonierungen, das heißt bestimmte Arten besiedeln bestimmte Tiefenbereiche. Man muss das gesehen haben, wie verschiedenfarbige Pflanzen und Algen in regelrecht farblich abgesetzten Streifen die Flachwasserbereiche der Bodden „unter sich aufteilen"! Oft wachsen in bis zu einem halben Meter Tiefe hellgrüne Darmtangbestände, während überlappend von 0,3 bis 1,5 Meter Tiefe Cladophora-Fadenalgen wuchern. Dazwischen kann es immer wieder Blasentangbülte geben. Blasentang ist die „erfolgreichste Alge" des Brackwassers: Er kann bis weit in die östliche Ostsee hinein gedeihen.

Von ein bis drei Meter Tiefe wachsen in den Bodden oft die Laichkräuter und andere Blütenpflanzen des Süßwassers, während hier versetzt in 2–4 Meter Tiefe oft schon Seegraswiesen „hineinzipfeln". In je nach Lichteinfall 4–6 Meter Tiefe folgt die Zone der weniger lichtbedürftigen Rot- und Braunalgen. In manchen Bereichen der **Darß-Zingster Boddenkette** wächst sogar Wasserpest und man findet das Wassernetz, eine besonders schöne Grünalge mit schlauchförmigen Kolonien.

Selbstverständlich ist das nur ein Beispiel und die Verteilung der Pflanzenarten kann von Ort zu Ort etwas unterschiedlich sein. Pflanzenzonen muss man sich nicht als scharf abgegrenzte Gebiete vorstellen, sondern die Übergänge weisen oft eine mosaikartige Verteilung der verschiedenen Gewächse auf. Pflanzenreiche Buchten und Bodden sind nährstoffreiche Gewässer und die Sicht im Wasser kann eingeschränkt sein. Dennoch machen gerade wegen des Pflanzenreichtums Beobachtungen auch hier Spaß. Beim Schnorcheln sollte man besonders auf die Schicht höchstens kniehoch wachsender mariner Algen achten. Gar nicht selten ragen aus dieser Schicht die Rückenflossen von Fischen heraus, die sich durch „Eintauchen in die Algen" perfekt verstecken wollen. Oft handelt es sich um lauernde Hechte. Meist kann man den versteckt liegenden Raubfisch aus anderem Winkel anschwimmend dann doch noch betrachten, wenn man ihn erst einmal wahrgenommen hat. Die Brackwasserhechte der Bodden sind berühmt für ihre Größe und Tiere von über einem Meter Länge keine Seltenheit. Wenn das kein aufregendes Urlaubsabenteuer ist ...

Außerdem finden wir in den Bodden viele Flundern, gar nicht selten auch bei Tageslicht Kaulbarsche und Bleie. Bleie sind besonders scheu, ihnen kann man sich meist nur mit angehaltenem Atem nähern und beim nächsten Schnorchel ausblasen flüchten sie.

Beobachtungen dieser Art macht man am besten in den flachen **Bodden und Buchten um die Insel Poel**, im Windschatten von Ostseeinseln und Sandwällen, im **Salzhaff bei Rerik**, bei Klarwasser und Windstille in der **Darß-Zingster Boddenkette** sowie in den Stillwasserbereichen, **Bodden und Buchten um Rügen** sowie im **Greifswalder Bodden**.

Die Ostsee im Frühling

Wenn der Frühling kommt, ist die Unterwasserwelt der Ostsee besonders interessant. Höhere Wasserpflanzen erstehen aufs Neue, Tange werden farbenprächtiger, winters in tiefes Wasser verschwundene Fische nähern sich erneut der Küste. Nach den Frühjahrsstürmen kehrt Ruhe ein und das Wasser erwärmt sich nicht nur langsam, sondern hat oft auch bis zum Sommeranfang eine beinahe glasklare Phase.

Einige Fischarten sind in Hochzeitslaune und können in ganz flachem Wasser beobachtet werden. Selbstverständlich ist die Ostsee im Mai vor der Badesaison kalt und nur ganz hartgesottene Menschen wagen sich mit Badesachen ins Wasser. Doch wer begeistert vom Schnorcheln bereits einen Nassanzug sein Eigen nennt, kann leicht das Frühlingserwachen unter Wasser verfolgen. Surfanzüge tun es auch und bei vielen Tauchschulen kann man für das Wochenende sogar Nassanzüge ausleihen. Wer jedoch im Umgang mit Nassanzug, Bleigurt und sinnvoller Tarierung noch nicht geübt ist, sollte sich unbedingt unter Schwimmhallenbedingungen von einem Tauchlehrer einweihen lassen.

Eine der bekanntesten traditionellen Unterwasserbeobachtungen ist die Laichzeit der Seehasen im Mai. Dieser Fisch heißt auch Lumpfisch und lebt normalerweise 20–200 Meter tief. Allein zur Laichzeit erscheint er im Flachwasser. Der Seehase hat einen kantigen, nahezu fünfeckigen Körperquerschnitt. Er ist schuppenlos und trägt auf dem Rücken einen gezackten Hautkamm. Seehasen werden etwa 20–50 Zentimeter lang. Aus den Bauchflossen des plumpen, langsam schwimmenden Fisches ist in den Jahrtausenden der Entwicklung eine Saugscheibe entstanden, mit der er sich an festen Untergründen anheften kann.

Im Frühling legen die Seehasenpaare ihr Hochzeitskleid an. Die Weibchen erscheinen nur für kurze Zeit im Flachwasser und es ist ein besonderes Ereignis, eine „Seehasendame" zu sichten. Seehasenweibchen tragen dann ein grau bis auffällig stahlblau gefärbtes Kleid. Innerhalb von meist nur einem Tag und einer Nacht legen die Weibchen ihre Eier in einem vom Seehasenmännchen ausgesuchten Nest ab, erleben die Befruchtung des Geleges und verschwinden scheu wieder in der Tiefe.

Der Seehasenmann hingegen ist während der Laichzeit um Maul, Bauch und Brustflossen rotorange gefärbt. Er hat nicht allein eine geeignete Mulde im Seegras oder einen Platz an Steinen ausgewählt, er wird das befruchtete Gelege auch für Wochen bewachen. Dabei kann der schnorchelnde oder mit dem Batiscope schauende Beobachter den Seehasenmann abwechselnd als fürsorglichen Vater oder heldenhaften Verteidiger seiner Brut erleben: Meist steht das Seehasenmännchen am Nest und fächelt vorsichtig mit den Brustflossen sautereres und vor allem sauerstoffreiches Wasser über die befruchteten Eier. Dadurch wird das Gelege von eventuellen Sedimentpartikeln befreit und eine Verpilzung verhindert. Daran arbeitet der Seehasenmann unermüdlich und entfernt sich kaum vom Nest.

Doch wehe ein Eindringling nähert sich dem Gelege! Sofort schwimmt der empörte Seehasenvater stoßweise heran, versucht den Störenfried noch etwa einen Meter vor dem Nest aufzuhalten, direkt anzuschwimmen und zu rammen. Derartige Manöver genügen meist, um andere Fische in die Flucht zu schlagen. Bei diesem aufregenden Tun, das eventuelle Laichräuber abschrecken soll, wird die rotorange Färbung des Seehasenmännchens noch intensiver.

Bei Schnorchlern und Tauchern versucht der kleine Recke, durch dichtes Heranschwimmen eine Kursänderung zu erzwingen, manchmal jedoch auch, sie durch einen Bogen um das Nest wegzulocken. Das muss man erlebt haben: Wer vorwitzig in der Nähe des Seehasennestes einen Finger vorstreckt, muss sich nicht wundern, wenn der Seehase zuschnappt. Das ist selbstverständlich genau so harmlos wie die Berührung mit einem Karpfenmaul beim Füttern.

Seehasenbeobachtungen sind beliebt, denn deren Nester befinden sich nur ein bis drei Meter tief. Meist bevorzugen die Seehasen Bodenvertiefungen in dichten Seegraswiesen, aber einzelne Nester erspähen wir auch an Steinen oder am Fuße von Buhnenpfählen. Manchmal sucht man lange, was daran liegt, dass die Seehasen einen „Blick" für von Natur aus getarnte Positionen am Meeresgrund haben. Wer erst einmal ein Seehasennest entdeckt hat, findet dann meist auch noch weitere, so, als ob die sprichwörtlichen „Schuppen von den Augen fielen". Nachdem die beinahe schuhkartongroßen Seehasen oder Lumpfische noch relativ leicht zu

Die blau-grauen Seeha-senweibchen erscheinen nur für sehr kurze Zeit aus unergründlichen Tiefen.

Im zeitigen Frühjahr stehen die Seehasenmännchen ausdauernd über ihren Nestern mit den befruchteten Gelegen. Die „Seehasenherren" sind auffallend rot-orange gefärbt.

entdecken sind, muss man für das Laichritual der Stich-lingsarten schon genauer hinsehen. Wir beobachten an un-serer Ostseeküste den Dreistachligen Stichling (bis 11 Zenti-meter, häufig), den Seestichling (bis 20 Zentimeter, nicht ganz so häufig) und den Zwergstichling (bis 7 Zentimeter, selten). Die langgestreckten Seestichlinge verbergen sich gern in Seegraswiesen und Tangbeständen. Zur Laichzeit im Frühling bauen sie in den Pflanzenbeständen Nester aus Pflanzenteilen, die nur schwer zu finden sind, obwohl sie sich in geringen Tiefen befinden.

Der Dreistachlige Stichling baut ebenfalls ein Nest, das sich im Gegensatz zu den „höher aufgehängten" Nestern des Seestichlings meist am Meeresboden befindet. Als Baumate-

Die Männchen der Dreistachligen Stichlinge tragen im Frühling ein rötliches Kleid.

rial verwendet der Dreistachler Algenteile, Sandkörner und leichte Sedimentbestandteile. Er verschmäht auch leerstehende Muschelschalen nicht.

Alle Stichlingsmännchen bekommen ein besonders farbenprächtiges rötliches Hochzeitskleid und stehen vor dem Problem, ihre jeweils ausgewählte oder errichtete „Villa" einer oder mehreren Schönen als Domizil für die Hochzeitsnacht schmackhaft zu machen. Dabei kommt es zu allerhand ritualisierten Schwimmfiguren der Stichlingspaare. Schließlich muß das „Zuhause" für die Brut präsentiert werden, aber auch „Mitbewerber" gehören in ihre Schranken gewiesen.

Das ist immer wieder hübsch zu beobachten und ein wirklich schönes Frühlingserlebnis. Interessant bleibt für uns als Beobachter, dass Stichlinge ihr festgelegtes Verhaltensmuster haben. Das bedeutet: Wenn das Ritual gestört wird und dadurch nicht gerade das Paar vom Nest vertrieben wird, läuft das ganze Paarungsspiel noch einmal von vorn ab, nichts wird ausgelassen. Ebenso wie die Seehasenmännchen bewachen die farbenprächtigen Stichlingsmännchen Nest und Brut je nach Wassertemperatur ein bis vier Wochen lang. Dabei sind sie natürlich relativ standorttreu und auch für erneute Betrachtungen immer wieder leicht zu finden.

Auch die Seeskorpionsmännchen bewachen ihre Nachkommen. Allerdings sind diese Nester in den entsprechend steinigen Gebieten äußerst schwer zu finden. Zudem erscheinen im Frühling die Heringe zum Laichgeschäft dicht unter Land. Manchmal geschieht das schon im März, doch zieht sich ihre Laichzeit bis in den Mai hin und spätestens Anfang

Juni verlassen sie die Küste wieder. Den Anglern ist dieses Verhalten bestens bekannt und sie pflegen in dieser Zeit insbesondere den Rügendamm über den Strelasund zu belagern.

Zahlreiche „Rügenheringe" kleben ihre Eier an Seegraswiesen und andere Pflanzenbestände in den Seeregionen östlich und südöstlich von Rügen. Seegräser und Tange sind dann über und über mit glasigen bis weißen winzigen Gallertkügelchen bedeckt. Der „Rügenhering" ist ein ganz besonderer Heringsstamm, der traditionell allein rund **um Rügen** laicht und sonst weite Wanderungen in der offenen Ostsee unternimmt.

Diese riesigen Heringsbestände und Fischereimöglichkeiten sind schon (mindestens) seit dem 10. Jahrhundert bekannt. Alle Dörfer, die Vitt heißen oder auf -vitte enden, verdanken ihre Namen dem Hering, denn eine Vitte war im Mittelalter eine Heringspackerei, wo der Fang gesalzen und abgepackt wurde.

Oft liegen die Laichplätze des Herings nur 1–6 Meter tief und von einem geübten Schnorchler ist auch dieses Laichgeschäft zu beobachten. Allerdings gelten Heringsschwärme als besonders scheu und es ist schwierig, auf Sichtweite an sie heranzukommen. Aber ein Schnorchler mit seiner leisen Art der Annäherung hat dabei deutlich bessere Chancen als ein Gerätetaucher mit seinem vergleichsweise laut blubbernden Gerät.

Vor allem im **Greifswalder Bodden** lassen sich im Frühling die Massenvorkommen des Stintes beobachten, eines kleinen Fisches, der in Massen gefangen den Geruch frischer Gurken verströmt. Stinte laichen etwa um Ostern und wandern dazu in Bach- und Flussmündungen ein.

Neben den großen Laichzügen, Nestbauten und Hochzeitsritualen bestimmter Fischarten nimmt natürlich allgemein die Aktivität der Fische im Frühling mit der Wassertemperatur zu. Viele Arten Plattfische wie etwa Flundern, Schollen, Kliesschen und Steinbutte sind wieder dicht unter Land zu beobachten. Sobald das Wasser wärmer wird, sehen wir im flachen Wasser auch mehr Seeskorpione.

Nun ist der Sommer nicht mehr weit. Wenn die Kirschen blühen, erscheinen die Hornhechte, heißt es an der Küste. Und das stimmt oft. Die Hornhechte kommen im Mai und Juni zum Laichen in die Flachwasserbereiche rund **um Rü-**

gen, als nächste Schwarmfischart nach den Heringen. Allerdings können diese schlanken Schnellschwimmer meist nur beobachtet werden, wenn man weit hinaus schwimmt und nach ihren Schwärmen im freien Wasser Ausschau hält.

Manchmal sieht man sie sogar vom Boot aus gut, denn sie springen zuweilen weit aus dem Wasser heraus. Hornhechte schmecken gut, gelten jedoch nicht als Feinfische für die edle Küche. Auf Grund ihres Massenvorkommens führten sie einst den kuriosen Beinamen „Arbeiteraal".

Die Laichzeit der Seehasen kann man gut vor **Steinbeck**, in der **Wohlenberger Wiek**, vor **Kühlungsborn** und **Nienhagen**, vor **Dranske auf Rügen** sowie bei **Staberhuk auf Fehmarn** verfolgen. Stichlingsnester können überall sein, wo es einen abwechslungsreich strukturierten Grund mit Tangen, Wasserpflanzen, Steinen und Althölzern gibt.

Heringslaichplätze findet man an der **Südostseite von Rügen**, besonders um die Halbinsel **Zudar**, im **Rügischen Bodden**, um den **Vilmgrund** sowie um **Mönchgut**. Die Beobachtung von Hornhechtschwärmen gelingt nur sehr zufällig in freiem Wasser, zum Beispiel vor **Varnkewitz beim Kap Arkona**.

Die Ostsee im Sommer und Herbst

Wenn die Sommersonne strahlt, sind die Butte da und dicht unter Land. Und an der Küste heißt alles, was platt ist, erst einmal Butt. Die Butte oder Plattfische sind so typisch für unsere Ostseeküste, dass sich allerhand Sagen und Legenden um sie ranken. Sogar im Kunstmärchen „Von dem Fischer un syner Frau" ist es ein Butt, der die Wünsche erfüllt. Aber gewisse Unterschiede gibt es doch: So heißt die Flunder auch „Struffbutt", weil sie sich rauh anfasst, während die Scholle wohl auf Grund ihres schmackhaften und gut verkäuflichen Fleisches „Goldbutt" heißt.

Für Butt- oder Plattfischbeobachtungen ist der Sommer die richtige Zeit. Ohne Frage werden Sie am häufigsten die sprichwörtliche und sogar in Liedern besungene „olle Flunder" entdecken. Die Flunder ist einfach die häufigste Plattfischart und die Buttfänge der Fischer sind zu 90 % Flun-

Im Sommer leben die sprichwörtlichen „ollen Flundern" im Flachwasser dicht unter Land und lassen sich leicht beobachten.

dern. Flundern halten sich gern in Seegraswiesen auf, aber sie liegen durchaus auch bei Tageslicht auf dem Sand und machmal – welch eine raffinierte Tarnung – lehnen sie „hochkant" an bewachsenen Steinen. Nächsthäufigster Fisch ist die Scholle, die Sie aber oft nur in Urlaubsgebieten westlich von Rügen entdecken werden, denn sie liebt etwas mehr Salz im Wasser als die tolerantere Flunder.

Zu den erfreulichen, aber nicht so häufigen Beobachtungen müssen Begegnungen mit dem Steinbutt und der Kliesche gezählt werden. Der Steinbutt trägt Knochenhöcker auf der sandfarbenen Haut und ist über Sand nahezu unsichtbar. Eine echte Herausforderung Ihrer Beobachtungsgabe! Klieschen sehen oberflächlich betrachtet wie dunkelbraune bis nachtschwarze Flundern mit verwaschenen orangefarbenen Flecken aus. Sehr selten und eine Besonderheit bei uns sind Seezungenbeobachtungen.

Im Sommer kann es spannend sein, im flachen Wasser herumzuschwimmen und den Blick einige Zeit auf die Freiwasserschicht dicht unter der Wasseroberfläche zu richten. Dort ist viel Erstaunliches zu sehen. Soweit es sich um Fische und Fischschwärme des Freiwassers handelt, sind die Momente der Begegnung oft sehr kurz. Das bedeutet, wenn Sie gespannt den Meeresboden unter Ihnen mustern, würden Sie einen kurzzeitig auf Sichtweite herankommenden Fischschwarm in einem halben Meter Tiefe nicht bemerken.

Im küstennahen Bereich unserer Ostsee können wir kleine Gruppen von aus dem Süßwasser stammenden Barschen antreffen. Besonders aufmerksam muss man sein, um einzelne

Seeforellen zu bemerken, wenn diese auf Sichtweite heran-
kommen. Leicht beobachtbar sind die Schwärme rötlicher
Schwimmgrundeln, die nie weit fliehen und immer zu ihrem
Vorzugslebensraum zurückkehren.

Manchmal entdeckt man auch langgezogene bandförmige
Schwärme von Sandaalen. Oft hat ein solcher Schwarm
etwa die Form eines einzelnen Fisches. Wenn die einzelnen
Sandaale von Ihnen etwa bleistiftgroß eingeschätzt werden,
sind es Kleine Sandaale. Falls die Tiere 20–35 Zentimeter
lang sind, handelt es sich um Große Sandaale. Beide Arten
leben vor unserer Ostseeküste. Große Sandaale sind bei Tageslicht öfter zu sehen. Kleine Sandaale sind tagsüber meist
im Sande verborgen, können aber leicht in ganzen Schwärmen
aufgescheucht werden.

Falls ein Sandaalschwarm plötzlich förmlich zusammen-
zuckt, so erleben Sie, wie ein Raubfisch in den Schwarm
eingefallen ist. In den meisten Fällen sind das jagende Hornhechte, die wir Schnorchler auf Grund ihrer hellgrauen bis
silbrigen Färbung vor dem Freiwasser wie über Sandboden
äußerst schlecht wahrnehmen können.

Wenn Sie im Freiwasser Quallen entdecken, haben Sie natürlich mehr Zeit zur Beobachtung. Quallen bewegen sich
gemessen durch das Wasser und man kann ihre eleganten
Schwimmbewegungen in Ruhe bewundern. Die häufigste
Qualle vor unserer Küste ist die Ohrenqualle. Diese beinahe
tellerförmige, glasartig durchscheinende Qualle gerät zum
surrealen Kunstwerk, wenn Sie das Tier von unten bei durch
den Quallenkörper scheinendem Sonnenlicht betrachten. Dass
die Qualle auf Grund ihrer großen Körperfläche mit Zooplankton, den schwebenden Kleinkrebschen im Freiwasser,
in Berührung kommt, können wir uns vorstellen. Doch wuss-
ten Sie auch, dass Ohrenquallen große Mengen Heringslarven
fressen? Ohrenquallen verringern in „tollen Quallenjahren",
natürlich sehr zum Leidwesen der Fischer, den Heringsbestand
erheblich.

Die gläserne, empfindlich erscheinende Schönheit von
Quallen hat sogar Dichter zu beeindruckenden Zeilen über
diese Tiere inspiriert: So schrieb Alfred Kerr über seine Qual-
lenbegegnungen:

Ohrenquallen sind von gläserner Schönheit und eine typische Sommerbeobachtung in der Ostsee. Sie überleben den Herbst nicht.

V. ... Man sitzt in der Flut wie in einer Badewanne. Doch, da kommt was an. Wunderbare Schale von Kristall mit veilchenfarbenem Inhalt. Ist ein Schiff untergegangen, ein nobles Schiff – und die Geräte, worin man sich nach Tisch die Finger abspült ...? Ach nein, eine Qualle. Sechzig Quallen, hundert, anderthalbhundert kommen fast in einer Reihe ran, vom aufsteigenden Wind gelenkt. Noch nicht in dem trüben Zustand, wie sie manchmal halb zerfetzt am Ufer liegen .... Nein, in ursprünglicher Herrlichkeit, im hohen Glanze des Meeresdaseins.

VI. Soviel man packen kann, wirft man wieder zurück in die Flut, oder man trägt sie hinein an tiefe Stellen, – damit sie nicht, an den Strand geworfen, verdursten, verkümmern, ersticken ... Mit etlichen macht man sogenannte Intelligenzversuche; setzt sie ins Wasser an eine klare Stelle, lässt sie schwimmen, stellt ihrer Schwimmrichtung dann eine Hand entgegen. Weicht sie aus, die Qualle, so ist sie intelligent. Schwimmt sie auf die Hand los bis zur Berührung, so ist sie doof ...

VII. Alle sind intelligent; weichen aus.

(Zitat aus: „Gesammelte Schriften. Die Welt im Licht." von Alfred Kerr, S. Fischer Verlag Frankfurt, 1920.)

Ohrenquallen sind die geschlechtliche Generation eines Nesseltieres, das „wissenschaftlich" Scyphopolyp heißt. Die im Zentrum der farblosen Qualle sichtbaren, rosa bis orange gefärbten Viertelkreise sind die Geschlechtsorgane der Ohrenquallen. Aus den Eiern der Ohrenquallen entstehen Larven, die nach einiger Zeit des freien Umherschwimmens sesshaft werden und sich in einen festsitzenden Polypen mit Fangarmen verwandeln. Diese bilden im Frühjahr einen länglich-stabförmigen Körper aus, der sich bald „scheibchenweise" quer teilt. Dabei werden ringförmige Scheiben abgestoßen. Diese „Selbstdemontage" nennen Biologen Strobilation. Die entstandenen Segmente wachsen und beginnen ihr Leben als freischwimmende Ohrenquallen. Doch die erwachsenen Quallen leben nur ein halbes Jahr und gehen nach der Eiablage, spätestens jedoch im Herbst, zugrunde.

Interessanterweise kann der Scyphopolyp, der als unscheinbarer „Hässling" viel weniger bekannt ist als die kurzlebige, aber ungleich schönere Ohrenqualle, nach der Ablösung der letzten Scheibe wieder Fangarme bilden und als Polyp weiterleben. Er wird im Gegensatz zur Qualle mehrere Jahre alt.

Eine weitere Quallenart, die jedoch viel seltener zu sehen ist, heißt die Gelbe Haarqualle, im Volksmund auch Feuerqualle. Diese Qualle sieht sehr interessant aus, trägt sie doch unter einem Schirm von 20 bis 50 Zentimeter Durchmesser ein Vielzahl von bis zu zwei Meter langen Tentakeln. Doch dieses Geschöpf nesselt auf der Haut von Menschen äußerst schmerzhaft. Betrachten Sie es mit gebührendem Abstand. Bedenken Sie, dass die Tentakel der Qualle zum Betäuben von Beutetieren dienen.

Einige Aufmerksamkeit erfordert die Entdeckung der fast völlig glasigen Seestachelbeere. Dies ist eine kleine Rippenqualle mit einem ei- bis kugelförmigen Körper. Der ist höchstens drei Zentimeter groß und die Seestachelbeere schleppt nur zwei Fangfäden hinter sich her. Diese kleine Qualle hat in allen Regenbogenfarben schillernde Kanten. Der Lichteffekt wird von den winzigen vibrierenden Ruderblättchen auf den Rippen des Tieres hervorgerufen und ist beinahe unfotografierbar.

Im Hochsommer ist es besonders attraktiv, auch einmal nachts durch die Ostsee zu schwimmen. Im Scheine einer wasserdichten Lampe wird man immer wieder dicklippige,

Die lebendgebärenden Aalmuttern sind Raubfische, die erst im Schutze der Nacht aktiv werden.

Sommerbeobachtung in der Ostsee: Eine Seenadel steht dicht über den Miesmuscheln.

aalartig gewandte Fische entdecken. Das sind Aalmuttern, dicht am Boden lebende Fische. Sie schätzen Regionen mit Steinen und Muschelbänken ebenso, wie Seenadeln solche Reviere mögen.

Aalmuttern können ungeachtet des unterschiedlichen Salzgehaltes in der ganzen Ostsee existieren, auch wenn sie in den östlichsten Ostseebecken nur noch 20 bis 30 Zentimeter groß werden. Nur selten lebt dieser Fisch tiefer als 10 Meter, im Sommer findet man ihn schon in hüfttiefem Wasser.

Aalmuttern paaren sich etwa im August. Sie zählen zu den wenigen lebendgebärenden Fischarten und die Entwicklung ihres Nachwuchses ist durchaus ungewöhnlich: Die befruchteten Eier verbleiben im Körper des Weibchens. Nach etwa vier Wochen schlüpfen dort die Jungfische. Diese ernähren sich von einem speziellen, im Eierstock gebildeten Gewebe.

Nach viermonatiger Tragezeit bringen die Aalmuttern um die Weihnachtszeit etwa 200 fertige, voll ausgebildete Jungfische zur Welt. Die Jungfische erscheinen damit mitten im Winter, sind etwa 4 Zentimeter groß und leben manchmal unter den Schwarzgrundeln.

Aalmuttern werden auch als Speisefische angeboten, allerdings haben sie grüne Gräten wie die Hornhechte. Die grüne Farbe rührt von dem Naturfarbstoff Vivianit her, der im Stoffwechsel von Aalmuttern und Hornhechten entsteht. Das Vivianit ist ein völlig harmloses, neongrünes Eisensulfat. Auf die Eignung als Speisefisch und den Geschmack des Fisches hat Vivianit keinerlei Einfluss, aber ein seltsamer Anblick sind grüne Gräten auf dem Teller dennoch ...

Auch der Aal selbst ist immer wieder beim Nachtschnorcheln zu sehen. Doch er ist ein fast perfekt schlangenförmiger Fisch mit Brustflossen, ohne Bauchflossen und seine Rücken-, Schwanz- und Afterflosse bilden einen durchgehenden Saum. Obwohl Aalmutter und Aal gleichermaßen ungeheuer beweglich sind und auch beide kleine Fische erbeuten, sind sie keine direkten Verwandten.

Außerdem mögen die Schwarzgrundeln eine nachtaktive Lebensweise. Nur im Schutze der Dunkelheit wagen sie sich von ihren Höhlen weg. Das ist nicht ungefährlich, stehen sie doch sowohl beim Aal als auch den Dorschen „auf der Speisekarte". Dorsche sieht man tagsüber kaum oder nur auf der Flucht. Nachts hingegen unternehmen die Kabeljaue der Ostsee weite Raubzüge.

Dorsch ist eigentlich ein Wort für den kleinen, noch nicht geschlechtsreifen Kabeljau. Es hat sich aber mittlerweile so eingebürgert, dass der kleinwüchsige Ostsee-Kabeljau generell als Dorsch bezeichnet wird. Das Wort Dorsch stammt aus der Wikingerzeit, als es „Dörrfische" bezeichnete. In jenen Tagen waren getrocknete Dorsche (= Stockfische) oder ausgenommene und gesalzene Dorsche (= Klippfische) die wichtigsten Wintervorräte der nordischen Völker rund um das Baltische Meer.

Je nach ausgebildeter Färbung unterscheiden Fischer Rotdorsche und Grasdorsche. Rotdorsche verstecken sich gern in den rotbraunen Tangarten, nutzen aber auch geeignete Felsspalten und Überhänge. Grasdorsche hingegen leben überwiegend in Seegras und Blasentang.

Für die Ästheten unter den Wasserfreunden ist es ein ganz besonderes Sommererlebnis, bei tiefstehender Nachmittagssonne und leichtem Wellengang zu schnorcheln. Nicht allein, dass bei etwas abnehmendem Licht schon so mancher Seeskorpion oder auch einige Schwarzgrundeln hervorkommen, auch die Lichtstimmung unter Wasser hat etwas Außergewöhnliches, Erhabenes.

Reflexionen und Lichtstreuungen an den Partikeln im Wasser zeichnen die Sonnenstrahlen nach, wie sie in hellgrüner Dämmerung immer diffuser werdend bis auf den

Meeresboden reichen. Blickt man nach oben, so bricht sich das Licht glitzernd im Wellengang in immer neuen aufregenden Variationen. Eine visuelle Sinfonie! Dieser Anblick ist für Schnorchler und Taucher ebenso faszinierend wie für andere Menschen das Bild donnernder Brandung an Felsküsten. Man könnte stundenlang zusehen.

Wenn wir allein nach dem Kalender schauen, so beginnt am 21. September der Herbst. Doch unter Wasser ist das nicht ganz so. Selbstverständlich sind im Spätsommer die Laichzeiten der meisten Fischarten längst vorbei. Aber all jene Arten, die sich im Winter in tiefere Wasserschichten zurückziehen werden, sind im Herbst noch da.

Denn die Ostsee hat Wärme gespeichert und besitzt als ungeheuer großer Wasserkörper eine hohe thermische Trägheit. Das bedeutet, dass die meisten im Sommer sichtbaren Tiere auch über den September hinweg noch zu beobachten sind und die Wassertemperatur zunächst nur langsam zurückgeht. Falls es landseitig einen langen warmen Altweibersommer gibt, können das Baden und die Schnorcheltauchgänge in der Ostsee bis in den Oktober hinein Freude bereiten.

Sommerbeobachtungen der beschriebenen Art sind vor allen Ostseestränden **von Fehmarn bis Usedom** möglich. Im Westteil der Ostsee **von Flensburg bis Fehmarn** ist der Salzgehalt des Wassers deutlich höher und man wird dort mehr marine Arten aus der Nordsee sehen können. Für den noch wenig geübten „Urlaubsschnorchler" ist das Abtauchen bis auf höchstens drei Meter Tiefe sicher genug. Für Freiwasserbeobachtungen sollte man keinesfalls so weit hinausschwimmen, dass der Wellengang die Sicht zum Land erschwert oder verhindert.

Der pure Sand

An vielen Stränden unserer Ostsee schwappt das gläserne Wasser über Gebilde aus purem Sand. Unter dem klaren Nass sehen wir eine Landschaft aus winzigen, kaum handbreiten Sandrippeln, die am Meeresgrund die feinen Kräuselwellen der Ostsee nachzubilden scheinen. Die Sandrippeln verlaufen meist recht parallel zum Ufer und können zur Orientierung dienen, wenn man ohne den Blick aus dem Wasser zu heben gen Land schwimmen möchte.

Die Sandrippeln scheinen zumindest im Flachwasser bis zum Unterwasserhorizont zu reichen. Die Landschaft der Sandwellen wirkt gleichförmig, ja geradezu langweilig. Weite Regionen sind mit bizarren Mineralienhäufchen bedeckt, die den Kleckerburgen der Kinder am Strand ähneln. Kein Fisch, keine Pflanze weit und breit, kaum ein Stein, der das Gleichmaß des Sandes unterbricht. Ob hier irgendwer, irgendetwas lebt? Oder sind die unterseeischen Sandflächen eine ebensolche Wüste wie die Flugsanddünen zu Lande?

Wenn Sie im flachen Wasser mit der Tauchermaske bis auf wenige Zentimeter an den Sandboden herangehen, können Sie die hektischen Bewegungen ungeheurer Mengen von winzig kleinen Muschelkrebsen und Meeresmilben sehen. Diese Tierchen sind ein Teil des Futters für Krabben, Garnelen und Kleinfische.

Die Burgen des Wattwurmes sehen wir als kleine kegelförmige Häufchen am Ausgang seiner Höhle. Der Wattwurm selbst, in manchen Ostseeregionen auch Sandpierwurm geheißen, ist ein rehbrauner, etwa 20 Zentimeter langer Borstenwurm, der nichts anderes tut, als bis zu 30 Zentimeter tief unter dem Meeresgrund Sand zu verschlingen. Vom Sande selbst kann er natürlich nicht leben. Der große Wurm verdaut die mikroskopisch kleinen Tiere, die im Lückensystem zwischen den Sandkörnern leben. Sein „Bergwerksgang" im Meeresgrund ist u-förmig. Zuweilen schiebt der Wattwurm sein Hinterende nach oben und spritzt den verwerteten Sand hinaus auf den Meeresgrund. Die kringeligen Kegel sind seine Kothaufen und bestehen doch überwiegend aus gereinigtem Sand.

Ein einziger Wattwurm befreit übers Jahr 25 Kilogramm Sand von Getier, aber auch von allen organischen Verunreinigungen. Mit viel Geduld kann man beobachten, wie der Wattwurm den unverdauten Sand aus seiner Höhle befördert. Das Tier selbst muss man zur Betrachtung ausgraben.

Schon wenn wir bei geringem Wellengang oder ruhigem Wasser mit Gummistiefeln durch das Wasser stapfen, sehen wir Schwärme kleiner Fische davonhuschen und hinter uns in ihr Revier zurückkehren. Aber da ist noch mehr: Manchmal

Der pure Sandgrund erscheint langweilig. Doch das täuscht!

scheinen sichtbare Partikel vom Meeresgrunde verschluckt zu werden und immer wieder sehen wir schemenhaft sandfarbige Tiere entfliehen, oft nur ein paar Sandwellen weiter. Wenngleich wir mit einer Polarisationsbrillc oder einem Guckkasten etwas mehr zu entdecken vermögen, ist das nicht der beste Weg für Beobachtungen über dem Sand.

Über flachen Sandstränden entdecken wir am meisten, wenn wir mit Tauchermaske und Schnorchel beobachten. Mit Flossen geht es noch leichter, aber das muss nicht sein. Wirklich abtauchen müssen wir auf Grund der geringen Tiefe nicht. Deshalb kann man auch gut von einer wassertauglichen Luftmatratze herab beobachten und von diesem „sicheren Floß" mit einer Tauchermaske ins Wasser sehen. Diese Beobachtungen können spannend werden und lange dauern. Deshalb ist es geschickt, als wirksamstes Mittel gegen Sonnenbrand – wie eingangs schon erwähnt – ein langärmliges Hemd oder Sweatshirt zu Badesachen zu tragen. Sachen, die nass werden können, logisch ...

Vor flachen Stränden entstehen auf Grund der Wellenaktivität meist ein bis zwei unterseeische Strandwälle aus Sand. Diese bleiben recht dauerhaft erhalten, obwohl die Umlagerung des Sandes ein immerwährender Vorgang ist. Vor allem die erste ufernahe Sandbarre riegelt einen Flachwasserbereich vom Meer ab, der sich sehr gut als Spielplatz für Kleinkinder eignet.

Oft ist das Wasser in diesem flachen Bereich nur knietief. Die Wellen der Ostsee werden schon weiter draußen gebrochen und erreichen dieses flache uferparallele Becken, wenn überhaupt, nur mit verminderter Kraft. Wenn das Wasser relativ ruhig ist, heizt sich dieser aquatische Spielplatz im Laufe eines Sommertages auf mehr als 20 Grad Wassertemperatur auf, wohingegen das Wasser weiter draußen deutlich kühler ist. Hier sind die Kleinsten gut aufgehoben und können, wenn sie das gezeigt bekommen, ebenfalls ihre erste Grundel sehen oder Muscheln finden. Ganz abgesehen von der Möglichkeit für erstaunliche Bauten aus nassem Sand ...

Über dem Sand mit seinen nahezu sandfarbenen Organismen müssen sich alle erst „einsehen", die Augen adaptieren, feinste Unterschiede zu entdecken. Und plötzlich ist es dort gar nicht mehr so leer, wie zunächst vermutet. Zuerst bemerken wir größere bewegliche Tiere, wie etwa die Strandkrabbe, die seitwärts laufend vor dem Schatten des Beobachters flieht. Sie zieht eine Spur zerstiebender Sandkämme hinter sich her, die vom Meer sogleich „repariert" werden.

Dann ist dort ein fast tellerförmiger Umriss zu sehen, sandfarben versteht sich mit bräunlichen bis schwarzen Punkten. Erst nach einiger Zeit der Betrachtung sehen wir, dass dies ein völlig platter, sandfarbener Fisch ist. Endlich entdecken wir die Augen des Fisches und die feinen Linien der Schwanzflosse. Bei genauer Betrachtung hat dieser Fisch das Maul oft leicht geöffnet und wir erblicken darin feine nadelspitze Zähne. Ein Steinbutt! Der Fisch hat allen Grund, so gut getarnt auf dem Sand zu liegen, weniger, weil er so sehr in Gefahr wäre. Nein, er ist selbst ein Raubfisch und möchte von den kleinen Tieren des Lebensraumes Sand bis zum Augenblick seines Zuschnappens nicht bemerkt werden.

Zuweilen liegen jedoch auch andere Plattfische wie etwa die Flunder oder die Scholle im Sand. Diese beiden tragen charakteristische Farben und heben sich deutlicher vom Sand ab als der Steinbutt. Die „hohe Schule" der Plattfischbeobachtungen ist es jedoch, wenn wir nur zwei schwarze Augen aus dem Sande schauen sehen und der Rest des Fisches verborgen liegt. Und wir bemerken den beinahe un-

Perfekt getarnt liegt der Steinbutt im Ostseestrand. Hätten Sie ihn beim Überschwimmen bemerkt?

sichtbaren Umriss, die kleine Unregelmäßigkeit in der Weite des Sandrippelgrundes dennoch. Das sind Aufmerksamkeit und genaues Beobachten!

Der Anblick eingegrabener Fische ist ebenfalls höchst unterschiedlich. Über in den Sand abgetauchten Flundern, Schollen und Kliesschen entsteht zum Beispiel ein ovaler flacher Sandhügel, der das Gleichmaß der Sandrippeln etwas unterbricht. Allein die Augen des vergrabenen Buttes ragen aus dem Sand. Meist ist der Umriss „frisch" eingegrabener Tiere dieser Arten noch zu erahnen. Steinbutte hingegen graben sich seltener ein. Wenn doch, liegen sie unter einer kreisrunden, völlig ebenen Sandfläche, die nach einer Seite hin eine kleine, etwa fünf Zentimeter lange Schleifspur hat. Dort liegt das Schwanzende.

Eine ganz spezielle Art der „sandliebenden" Fische sind die Sandaale. Vor allem die Kleinen Sandaale liegen bei Tageslicht gern im Sande versteckt. Ihr Vertrauen in das „Versteck nasser Sand" ist so groß, dass sie an Meeresufern mit Gezeiten bei Ebbe einfach im feuchten Sand abwarten und nicht mit dem zurückgehenden Wasser flüchten.

Aus ihrem Lager im Sand starten die Sandaale bei Beunruhigung plötzlich und senkrecht wie kleine Raketen ins Freiwasser. Das kann vor allem beim nächtlichen Schnorcheln für Aufregung sorgen, denn man kann sich „aus dem

Die zierlichen Sandaale vertrauen völlig auf ihr Versteck im Meeresboden. Bei Beunruhigung starten sie wie Raketen aus dem Grund.

Finsteren von unten beschossen" fühlen, wenn die kleinen Fische überraschend an den eigenen Körper prallen. Ganz selten, wenn wir uns vorsichtig bewegen, leise und flach durch den Schnorchel atmen, sehen wir einmal einen Sandaalkopf aus dem Untergrund lugen. Viele Fische fressen die zierlichen Sandaale und diese sind deshalb besonders scheu und vorsichtig.

Erst bei genauestem Hinschauen fällt uns auf, dass der Sand bei Tag und Nacht von gerade fingerlangen, graubraun bis sandfarbenen Fischen besiedelt ist: In den Tälern der winzigen Sandschluchten liegen die Sandgrundeln umher. Diese Fischchen können seitlich vier schwarze senkrechte Streifen haben und werden höchstens neun Zentimeter groß. In gesunden Lebensräumen finden wir sicher alle wenigen Dezimeter Strecke eine Sandgrundel! Diese kleinen Fischlein heißen im Norden auch Sandkülinge. Grundeln fressen Kleintiere des Grundes wie Flohkrebse und sind damit immerzu beschäftigt.

Hüpfend und stoßweise bewegen sich die Ostseegarnelen durch die Unterwasserlandschaft. Oft bemerken wir die winzigen Tiere allein anhand einer Bewegung und haben Mühe, ihnen mit den Augen zu folgen. Die Ostseegarnelen besitzen einen glasartig durchscheinenden Körper und tragen wenige dunkle und einige gelbliche Streifen. Die Tierchen sind ebenso wie die kleinen Sandgrundeln höchstens fingerlang.

Dann entdecken wir eine Stelle am Meeresboden, da scheint sich „zu ebener Erde" ein Maul mit winzigen Tentakeln zu öffnen, in das Partikel aus dem Freiwasser regelrecht eingesogen werden. Ein erstaunlicher Vorgang. An solchen Stellen leben Sandklaffmuscheln etwa 20 bis 30 Zentimeter tief im Sand verborgen. Diese bemerkenswerten Muscheln schieben einen Atemschlauch oder Siphon bis an den Sandgrund heran. Damit saugen sie sauerstoffreiches Wasser und Nahrung ein. Die wertvollen Inhaltsstoffe filtriert die Muschel tief unten im Sand aus dem Wasser. Wer beim Schnorcheln vorsichtig die oberste Sandschicht aufwirbelt oder wegwedelt, kann eine erstaunliche Vielfalt kleiner Tiere sehen: Muschelkrebschen, Zuckmückenlarven, Meeresringelwürmer, Baltische Plattmuscheln und Flohkrebse sind nur wenige davon. Die hübsche (essbare) Herzmuschel liegt sogar oft nur 1–2 Zentimeter unter dem Sand.

Besonders interessant wird es über dem Sand bei Nacht. Dann kommen allerhand Tiere hervor und Fische von weiter draußen dichter unter Land. All diese Tiere sind bei Tageslicht zu scheu, um den freien Sandboden aufzusuchen. Schließlich gibt es hier keinerlei natürliche Verstecke und nicht alle Tiere können sich in den Sandboden einwühlen. Nachts erscheinen über dem puren Sand manchmal Aale, Seeforellen und auch Süßwasserarten wie Barsch und Plötze.

Dort, wo der Sandboden in großen Wellen verläuft, gibt es mitunter Mulden mit Weichsediment. Genau solche Regionen bevorzugt die bizarre Seezunge für ihre nächtliche Nahrungssuche. Wenn Sie eine Seezunge entdecken, nehmen Sie sich Zeit für diese seltene Beobachtung. Diesen Plattfisch sehen wir nicht oft, da er mindestens 10 Promille Salzgehalt in der Ostsee benötigt, die nicht jederzeit und überall gegeben sind.

Nähern Sie sich langsam. Die Seezunge flieht niemals hektisch, aber sie kann mit gemessenen Bewegungen förmlich in den Sand eintauchen, langsam versinken, sich vor ihren Augen auf beinahe geisterhafte Weise unsichtbar machen, ohne jede Spur im Sand. Wenige wellenförmige Bewegungen dieses eleganten Tieres reichen aus, und schon wissen Sie nicht mehr, wo die Seezunge eben noch lag.

Über dem Sand fehlen oft echte Verstecke wie Seegraswiesen oder Steinhaufen, so dass wir die Tiere nachts im

Seezungen bewegen sich sehr gemessen durch das Meer. Sie können nahezu unmerklich in den Sand eintauchen.

Lichtkegel einer wasserdichten Lampe besonders gut und weithin sehen können. Das klingt ausgemacht spannend, doch wie fangen wir solche Beobachtungen am besten an? Wer nachts im Meer beobachten möchte, sollte einiges bedenken:

Wir suchen uns eine Stelle des Strandes aus, die wir schon bei Tageslicht besucht haben. Ein Platz, der ganz sicher keine Gefahren wie etwa alte abgebrochene Reusenstäbe birgt. Hier schauen wir schon bei Tageslicht, wo am besten das „Heerlager" mit warmen Sachen für „danach" errichtet werden kann. Auch eine Thermosflasche mit heißem Tee und etwas zu essen kann sinnvoll sein. Denn nächtliche Beobachtungen im Wasser sind so spannend, dass sie oft andauern, bis man fröstelt und Hunger hat. Und was kann schöner sein, als nach dem Schnorcheln am Meer die Erlebnisse bei einer kleinen Mahlzeit am nächtlichen Strande zu besprechen? Für diese Beobachtungen bei Dunkelheit ist es empfehlenswert, Maske, Schnorchel und Flossen zu benutzen. Außerdem gehen wir nicht allein ins Wasser und müssen Eltern, Geschwister oder Freunde für dieses Vorhaben begeistern und „anheuern".

Vor allem ist eine wasserdichte Lampe für jeden Mitschwimmer oder Mittaucher nötig. Das klingt teuer, muss es aber keineswegs sein. Zum einen gibt es preiswerte wassergeschützte Taschenlampen, die bis in Tiefen um die fünf Meter wasserdicht sind. Zum anderen geht auch folgendes: Wenn man schon so gut wie im Wasser steht, eine kleine Stabtaschenlampe einschalten, diese in ein Marmeladenoder Gurkenglas oder sonst eine wasserdichte transparente

Lebensmittelverpackung stecken und zudrehen. Schon ist die wasserdichte Lampe perfekt, und für zwei oder drei nächtliche Urlaubsabenteuer ist das okay. Natürlich schwimmt diese Lösung und das Gefäß sollte deshalb nicht zu groß sein. Wichtig: Frische Batterien nicht vergessen. Es wäre doch fatal, wenn wir gerade über den metergroßen Aal hinwegschwimmen und das Licht verglimmt langsam.

Interessante Sandböden mit einer Menge von Tieren finden wir vor **Boltenhagen** und **Tarnewitz**, vor **Kühlungsborn** und den weiten Sandstränden der **Stolteraa westlich von Rostock**. Der pure Sand im Meer lässt sich außerdem östlich von Rostock vor **Graal Müritz** und an den Stränden vor **Ahrenshoop, Prerow und Zingst am Darß** bewundern.

Die Sandstrände von **Heringsdorf und Bansin auf Usedom** sind hingegen schon etwas ärmer an Tierarten, denn so weit dringt salzreiches Wasser selten vor. Feine artenreiche Sandböden, zum Teil mit Findlingen und Mergelrippen, können wir bei **Wallnau** und **Westermarkelsdorf auf Fehmarn** entdecken.

Im Seegrasdschungel

Die Seegrasarten sind die einzigen echt marinen Blütenpflanzen unserer Ostsee. Sie haben sich an das Leben im Meer angepasst und können auf weichem bis sandigem Boden siedeln. Seegras kann bis zu 1,5 Meter hoch werden. Alle anderen „pflanzlich wirkenden" Wuchsformen sind hochentwickelte Algen, die am Meer meist als Tange bezeichnet werden. (Oder aus dem Süßwasser stammende Blütenpflanzen.)

Algen wie etwa der weit verbreitete Blasentang haben keine echten Wurzeln und brauchen einen harten Untergrund, um sich anzuheften. Seegras finden wir nicht wie die Tange bis in die Nähe des Wasserspiegels, sondern etwas tiefer. Der Grund liegt darin, dass Seegras im Gegensatz zu Tangen wellenschlagempfindlich ist. Seegraswiesen können ausgedehnte riesige Flächen des flachen Meeresbodens bedecken. Doch manchmal finden wir auch winzig kleine Seegraswiesen, gleichsam „baltische Ausgaben des Dürerschen

Seegraswiesen sind so etwas wie der Hochwald am Meeresgrund. Man kann sie leicht mit Maske und Schnorchel besichtigen.

Rasenstückes", die mosaikartig eingestreut zwischen blankem Sand und Steinfeldern liegen.

Seegraswiesen können schon in einem Meter Tiefe beginnen und je nach Wasserklarheit bis hinunter in sechs und mehr Meter Tiefe reichen. Die Wurzelstränge des Seegrases befestigen losen Meeresboden ein wenig und die Organismen im „Seegrasdschungel" sind weniger gefährdet, bei Seegang mit Sandkörnern und Sedimenten zugeschüttet zu werden. Dies spielt vor allem für die Tiere eine Rolle, die nicht so schnell wie ein Fisch ausweichen können.

Im strömungsberuhigten Wasserraum zwischen den Halmen sinken viele organische Partikel ab, ohne sofort wieder vom Meer hinweggefegt zu werden. Diese Ressource nutzen festsitzende oder sessile Tiere wie etwa Seescheiden, Moostierchenkolonien und Miesmuscheln für ihre Ernährung. Aber am Seegras haften auch Fischegel, Hydropolypen, Rotalgen, kleine Miesmuscheln sowie viele andere winzige Tiere.

Es hat am Ostseegrund eine ähnliche Aufgabe wie etwa ein Hochwald an Land. Eine Menge Tiere verstecken sich zeitweise darin. Seegraswiesen gelten als die Kinderstube des Meeres, denn alle möglichen Jungfischschwärme finden im Seegras Schutz. Seegraswiesen sind ein wichtiges Brutgebiet

Jede Seegraspflanze ist bewohnt von einer Vielzahl kleiner Tiere, von Schnecken, Muscheln, Krebschen und anderen.

für die Flundern. Beim Schnorcheln sieht man gar nicht selten von oben Flundern, die auf niedergedrückten Seegrashalmen ausruhen und wie ein im Wald niedergegangenes Flugzeug halbhoch über dem Grunde hängen. Die Sprosse und Blätter des Seegrases sind von feinen Algenbelägen besiedelt, die wiederum zur Weidefläche für kleine Tiere wie etwa Meeresschnecken werden. Auf den Seegrassprossen und Blättern lassen sich immer viele kleine Tiere wie farbenprächtige Baltische Meerasseln, glasig-farblose Flohkrebse, zierliche Strandschnecken, dünnschalige Rissoa-Schnecken und manchmal sogar filigrane Blumentiere beobachten.

Letztere sind meist winzige, zierlichste „Ausgaben" der Tangrose, oft nicht einmal fünf Zentimeter groß. Es ist ein geradezu niedlicher Anblick, wie sich die fingernagelgroßen Kopenhagener Herzmuscheln auf dem Seegras befestigen und hoch oben über dem Grund ein „federndes Dasein" führen. Am Rande einer Seegraswiese ist es tatsächlich empfehlenswert, für einige Minuten ein reich bevölkertes Blatt oder eine einzelne Seegraspflanze intensiv zu betrachten und am bunten Treiben dieses Mikrokosmos teilzuhaben.

Von den größeren Meerestieren „landen" nicht allein Flundern im Seegras. Hier verstecken sich bei Tageslicht bis zu

Eine Flunder ist im Seegrasdschungel „gelandet", um gut versteckt auszuruhen.

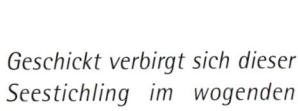

Geschickt verbirgt sich dieser Seestichling im wogenden Seegras.

unterarmlange Jungdorsche, die eine zum Seegras passende Farbe angenommen haben. Außerdem winden sich bei Tag und Nacht allerhand Aale durch das „Unterholz" der Seegraswiesen. Sie finden hier Jungfische als Futter, fingerlange Fischchen, die für das Aalmaul genau die passende Größe haben. Über den Spitzen des Seegrases kreuzen hingegen bei Tageslicht Schwimmgrundelschwärme, die sich bei vermeintlichen Bedrohungen ruckartig ins Seegras zurückziehen.

Typische Bewohner von Seegraswiesen sind die „superschlanken" Seenadeln. Sie fressen im grünen Dschungel Flohkrebse und sind im Seegras besonders gut getarnt. Seenadeln können sich mit ihrem Schwanz an Seegrashalmen festhalten, aber auch schwebend kopfunter als „Halm unter Halmen" im Grase stehen. Da gilt es genau hinzusehen. Wenn man das Köpfchen einer Seenadel genau betrachtet, sieht man, warum die Wissenschaft meint, dass Seenadeln enge Verwandte der Seepferdchen sind.

Am häufigsten kommen an unserer Ostseeküste die Grasnadel und die Kleine Schlangennadel vor. Beide Fischarten können bis zu 25 Zentimeter lang werden. Jedoch ist die Kleine Schlangennadel höchstens halb so „dick" wie die Grasnadel. Über diese Fischlein gibt es erstaunliche Details zu berichten: Bei den Seenadeln falten die Männchen bauchseitig eine Bruttasche, in die das Weibchen die Eier legt.

Nach der Befruchtung schließt sich die Bruttasche, die Männchen sehen „schwanger" aus und sind in diesem Zustand in den sommerlichen Seegraswiesen zu entdecken. Die Seenadellarven werden bis zu ihrem Ausschlüpfen vom Vater betreut.

Während bei den meisten anderen Fischarten die Männchen schöne Balzfärbungen tragen und die Weibchen unscheinbar „getönt" bleiben, ist es bei den Seenadeln „ähnlich wie beim Menschen": Die Frauen sind die Schöneren! Wovon man sich mit einem Blick durch die Tauchermaske beiderseits des Wasserspiegels der hochsommerlichen Ostsee leicht überzeugen kann.

Über großflächigen Seegraswiesen in geringer Tiefe kann man gut mit dem Batiscope oder mit der Tauchermaske von der Luftmatratze aus beobachten. Am meisten wird man jedoch sehen, wenn man schnorchelt und langsam dicht über den „Wipfeln" der Gräser dahingleitet. Außergewöhnliche Einsichten in den Seegrasdschungel sind zu gewinnen, indem man am Rande der Wiese, an ihrem Übergang zu freiem Sandboden, ins Gewirr der Halme hineinspäht.

In Taucherkreisen berühmte Seegraswiesen finden Sie vor **Steinbeck in Nordwestmecklenburg.** Der westliche Badestrand von **Boltenhagen** bietet hingegen ein abwechslungsreiches Schnorchelrevier mit Findlingen, unterseeischen Mergelrippen und kleinen Seegrasflächen.

Außerdem entdecken Sie feine Seegraswiesen vor der Küste von **Kühlungsborn** und bei **Börgerende.** Auch vor **Nordrügen bei Dranske und Nonnewitz** findet man artenreich bevölkerte Seegraswiesen vor. Um **Südostrügen** und rund um die **Insel Vilm** hingegen mischen sich die Seegraswiesen bereits mit diversen Pflanzen aus dem Süßwasser.

Ein ganz besonders feines Schnorchelrevier liegt vor dem **Westufer der Insel Hiddensee,** vor der sogenannten **Hucke.** Hier entdecken Sie sowohl festen Sandboden als auch einzelne bewachsene Steine sowie Tangbestände unter Wasser. Hiddensee ist ein autofreies Eiland, doch eine Tagestour mit Maske, Schnorchel und Flossen im Rucksack lohnt sich auf jeden Fall.

Im Falle einer Reise auf die **Ostseeinsel Fehmarn** entdecken Sie vor **Wallnau,** vor **Klausdorf,** vor **Gahlendorf** und vor allem im flachen **Fehmarnsund bei Meeschendorf** wunderschöne Seegraswiesen.

Buhnen, Steinfelder und Findlinge

Vor vielen Sandstränden ist das Ufer durch Buhnen geschützt. Lange Reihen von Baumstämmen wurden in den Meeresboden gerammt. Diese Bauwerke sollen die Gewalt der anrollenden Wellen brechen. Dann wird nicht so viel Material von der Küste abgetragen.

Der größere Anteil unserer einheimischen Ostseeküste besteht aus Sand- und Weichböden, die nur wenig bewachsen oder für Seegraswiesen geeignet sind. Eine Vielzahl der Meeresorganismen benötigt jedoch einen harten Untergrund, um sich anzuheften und in der Wasserbewegung der Ostsee zu überleben. Weil „brauchbare" Hartböden nur einen kleinen Flächenanteil der Flachwasserlebensräume am Südufer der Ostsee bedecken, werden auch Buhnen, Stege und Reusenstangen von verschiedensten Pflanzen und Tieren vollflächig besiedelt.

Wenn wir an Buhnen entlangschnorcheln, sehen wir verschiedene Zonen oder Bewuchsregionen. Ganz oben, wo der Wasserstand schwankt, leben Seepocken, flache Algenrasen und darauf weidende Meeresschnecken. Weiter unten gibt es handhohe verschiedenfarbige Tange, ehe sich Miesmuscheln anschließen.

Jede Handbreit Fläche der Buhnenstämme wird ausgenutzt, dicht an dicht drängen sich die Lebewesen des Meeres. Die meisten Hartsubstrate im Meer sind dicht von blauschwarzen Miesmuscheln bedeckt. Diese haben sich mit ihren Klebfäden so fest am Untergrund angeheftet und gegenseitig versponnen, dass sie ohne Werkzeug kaum ablösbar sind. Diese Klebfäden heissen auch Byssusfäden. Es sind zähe, hornartige Fäden, die in der Fußdrüse der Muscheln erzeugt werden.

Miesmuscheln bilden große Kolonien. Bis zu 2000 Tiere können auf einem Quadratmeter Fläche leben, teilweise auch übereinander. Miesmuscheln werden etwa 10 Zentimeter groß und bis zu 15 Jahre alt. Wo der Salzgehalt so wie in der östlichen Ostsee niedriger ist, bleiben die Miesmuscheln kleiner. Miesmuscheln filtrieren kleine Tiere aus dem Wasser, Organismen, die zusammengefasst „das Plankton" (griechisch – das Schwebende) heißen. Solches Plankton wird von der Strömung in großen Mengen durch die Buhnenreihen „geweht".

Lange Reihen von gerammten Baumstämmen schützen die Küste vor der Gewalt der Wellen.

Fischschwärme leben gern für Wochen in der Nähe der schützenden Buhnen. Meist sind es Jungfischschwärme oder Grundeln.

Dicht bei den Buhnen finden auch Barsche aus dem Süßwasser sowie die Jungfischschwärme verschiedenster Fischarten Schutz. Geradezu lustig ist es anzusehen, wie die Fischlein immer auf die andere Seite der dichtstehenden Buhnenstämme entwischen, sobald Sie sich nähern. Aber Sie brauchen nur zwischen den Stämmen hindurchzusehen, denn ein solcher Schwarm bleibt bei den schützenden Buhnen, wo es immer viel zu sehen gibt. Am Meeresboden zwischen den Stämmen können durchaus auch größere Aale, Dorsche oder Aalmuttern ruhen. Oft finden Sie auf einer, nämlich der von der Hauptwindrichtung abgewandten Buhnenseite hohe Pflanzenbestände. Das können Seegräser oder auch Süßwasserpflanzen sein. Alle gemeinsam gedeihen dort, wo die Buhnen den heftigsten Wellenschlag abhalten, besonders prächtig.

Buhnenreihen zu betrachten ist immer interessant. Doch Vorsicht, man sollte dies nur bei wenig Wind und Wellenschlag tun. Bei starkem Wind können um die Buhnenköpfe,

Erlebnisreiches Schnorcheln bei einem alten, teils umgebrochenen Buhnenfeld

die seeseitigen Enden der Buhnenreihen, heftige Strömungen entstehen. Besonders gefährlich ist das Schnorcheln auf der „falschen Seite", der windzugewandten Seite einer Buhnenreihe. Von dort werden bei schwerem Wetter die Wassermassen durch die Buhnenreihen gedrückt wie durch einen Kamm. Ein Schwimmer würde unweigerlich ebenfalls heftig an die Buhnen herangerissen und mit dem Seegang auf und ab bewegt. Dabei kann man sich an den Baumstämmen selbst und auch an all den Muscheln und Seepocken, die bei schönem Wetter so hübsch aussehen, schwer verletzen. Das bedeutet: an Buhnen zu schnorcheln kann nur Schönwettertauchen sein!

Wind und Wellen sind erhebliche Gefahren für Schwimmer und Schnorchler. Keinesfalls sollten Sie entgegen den Warnungen des Wasserrettungsdienstes oder der DLRG ins Wasser gehen. Und vor allem ist immer die Windrichtung in Ihre Überlegungen einzubeziehen: Die Wellengangshöhe hängt nicht allein von der Windstärke, sondern auch von der Anlaufstrecke des Windes über das Wasser hinweg ab.

Daraus ergibt sich, dass ablandiger Wind zumindest in Ufernähe stilles Wasser beschert und relativ ungefährliche Verhältnisse zum Baden signalisiert. Obwohl der Wind auf

Am Fuße von Buhnenreihen und großen Steinen haben die Aale der Ostsee ihre Schlupfwinkel.

See hinaus bläst, ist kaum eine Gefahr gegeben, dass er einen Schwimmer hinaus auf das Meer zieht. Häufig reicht der relative Windschatten des Landes bis mehrere hundert Meter auf See.

Auflandiger Wind hingegen kann extrem gefährliche Verhältnisse verursachen. Das ist leicht verständlich, denn der Wind schiebt von der offenen See immer neue Wassermassen ans Ufer, die dort branden und ja irgendwie zurück ins Meer laufen müssen. In den meisten Fällen läuft das brandende Wasser als sogenannte Unterströmung am Grunde entlang zurück in die Tiefe.

Bei schräg auf die Küste treffenden Wellenfronten entsteht ein kompliziertes System aus Unterströmungen, küstenparallelen Strömungen und sogenannten Ripströmen, mit denen küstenparallel strömendes Wasser in größeren Abständen wieder Richtung Meer „abbiegt". In heftigste Brandung sollte man sich nie begeben, da dort auch die Flossen kaum helfen. Außerdem ist im aufgewirbelten Meer die Sicht sehr schlecht und die meisten Tiere haben sich ohnehin versteckt.

Eine ähnliche Zonierung der Lebewesen wie an Buhnen finden sich an allen senkrechten Hartböden, also auch an Steinschüttmolen, Spundwänden, Kaimauern, Reusenpfählen und den Stützpfeilern von See- und Landebrücken. Manchmal reicht die Betrachtung von ein oder zwei beispielhaft besiedelten Pfosten aus, um so viele kleine Tiere zu sehen, dass man schon umkehrt, weil es im Wasser bereits kalt wird.

Flächigen Felsboden findet man im Unterwasserbereich unserer Ostseeküste nur selten. Deshalb gibt es großflächige Muschelbänke meist dort, wo der Meeresboden von ausgedehnten Feldern kleiner Steine geprägt wird. Wenn man bei Windstille und ruhigem Wasser über sehr großen Muschelbänken schnorchelt, kann man darüber eine ein bis zwei Meter starke Klarwasserschicht bemerken. So ist manchmal, wenn dieses klare Wasser nicht sofort weggespült und mit dem Wellengang vermischt wird, etwas von der Reinigungsleistung der Miesmuscheln zu sehen: Sie filtrieren „rund um die Uhr" Meerwasser und eine einzige Muschel schafft etwa drei Liter Wasser in der Stunde.

So stabil und beinahe unangreifbar eine Miesmuschel auch erscheint, sie hat ihre Feinde. In manchen Küstengewässern vertilgen die Strandkrabben Miesmuscheln, in salzreicheren Gegenden sind Seesterne die größten Muschelfresser. Das Fleisch der Miesmuschel ist begehrt. Das können Sie leicht ausprobieren: Verteilen Sie einmal das Fleisch einer zerdrückten Miesmuschel im Wasser. Am besten natürlich an einem offensichtlich dicht bevölkerten, gut einsehbaren Fleck. Sie können auf diese Weise Schwarzgrundeln und andere Fischchen auf Armlänge heranlocken!

Doch die Muschelbank ist bei weitem nicht alles, was wir beim Beobachten über Steinfeldern zu sehen bekommen. Hier haften auch zahlreiche Tange, die hellgrün, beige oder weinrot gefärbt sein können. Meist wehen die Tange mit der Strömung auf und ab, aber es gibt auch festere, federnde Gewächse, wie den Gabelzweigtang. Auf den Miesmuschelbänken leben außerdem gelbbraune Brotkrumenschwämme. Wir finden handgroße Flächen der wie Miniatur-Bienenwaben aussehenden Seerinden, Keulenpolypen und Seepocken. Besonders hübsch sieht der Aufrechte Schwamm aus, ein goldgelbes, eine Handbreit hohes Gebilde, beinahe geformt wie eine kleine Königskrone aus dem Märchen.

Für viele Taucher sind jedoch die Seescheiden oder Tunikaten der schönste Anblick. Das sind Kolonien von etwa fin-

Schlauchseescheiden finden wir angeheftet an Muschelbänke, Steine oder sogar Stahlspundwände. Diese Tiere wirken beinahe wie filigrane Glasbläserarbeiten.

gergroßen Hohltieren. Schlauchseescheiden sind typisch für flaches Wasser und können weiß, orange oder tiefrot gefärbt sein. Oft ist ihr Körper nahezu durchscheinend und sie sehen wie filigrane Glasbläserarbeiten aus.

Muschelbänke können mit Tangen, Polypen, Schwämmen und Seescheiden regelrecht „überladen verziert" sein. Sie wirken dann viel farbenprächtiger als eine gleichmäßig grüne Seegraswiese. Viele Fische benutzen die Abwechslung verschiedenfarbiger Flächen auf Muschelbänken als gute Tarnung und halten sich gern hier auf.

So beobachten wir über Muschelbänken häufig verschiedene Grundelarten, den agilen Butterfisch, Seeskorpione und Seenadeln. Ein Teil der hiesigen Fische liegt bei Tageslicht einfach reglos auf der Muschelbank und ist so kaum zu sehen. Erst wenn wir vorsichtig über ein Steinfeld hinwegschnorcheln, sehen wir die winzigen, fast gläsernen Ostseegarnelen durch den Meersalat hüpfen, entdecken kleinste Grundeln in leeren Miesmuschelschalen oder sehen ruhende Seenadeln.

In der Mittagshitze stehen manchmal sogar die rötlichen Schwimmgrundeln im Freiwasser dicht an einer Muschelbank. Über Steinfeldern, seien sie nun mit oder ohne Muscheln, lohnt es sich, ganz dicht und langsam über den

Grund zu schwimmen. Allein auf diese Art entdeckt man die allergrößten Seeskorpione! Die liegen zwischen oder manchmal sogar oben auf den Steinen und rühren sich keinen Millimeter. Nur ein sehr aufmerksamer Ostseeliebhaber kann sie entdecken, für alle anderen bleiben sie „Stein unter Steinen".

Weil die Muscheln harte Böden nicht gleichmäßig bedecken, sondern auch viele Lücken und Hohlräume gestalten, finden vor allem Aale, Schwarzgrundeln und Stichlinge geeignete Höhlen zwischen den Miesmuscheln, ohne etwas bauen zu müssen. Wenn wir mit Maske und Schnorchel über dem Hartboden dahingleiten, ist immer Bewegung im Riff: Viele kleine Tiere fliehen in ihre schützenden Höhlen.

Sachlich betrachtet sind die meisten der runden abgeschliffenen Steine aus skandinavischem Granit an unserer Ostseeküste Findlinge. Sie alle wurden vor den Eiswällen der letzten Eiszeit hierher an die heutige Ostseeküste geschoben. Umgangssprachlich hat es sich jedoch eingebürgert, die beschriebenen Felder kaum kopfgroßer Steine am Meeresboden „Steinfelder" zu nennen.

Als Findling hingegen empfinden wir meistens einen einzelnen größeren Stein, der solitär in einer völlig andersartigen Umgebung liegt, so dass man sich unwillkürlich fragt, wie er wohl dort hingekommen ist. Tatsächlich strahlen derartige, wohl einen Meter Durchmesser oder mehr messende Findlinge, die frei auf hellem Sandboden liegen, eine ganz besondere Stimmung aus. Sie sind oft ziemlich ähnlich bewachsen und besiedelt wie Steinfelder und Buhnen, haben aber doch eine irgendwie besondere Rolle am Meeresgrund.

Umgeben von sichtlich wenig besiedeltem, kahl wirkendem Meeresboden ist ein größerer Findling gleichsam die Oase des Lebens inmitten des schwierigen Lebensraumes Sand, ein Platz, an dem sich viele Organismen versammeln, die im Sand keine Chance hätten. Ein artenreiches Refugium, das Verstecke und Nahrung auch für die Arten bietet, die Hartboden nicht unmittelbar benötigen.

Sobald Sie im freien Wasser auf relativ kahlem, aufgeräumt wirkenden Meeresboden einen Findling entdecken, werden Sie sich magisch angezogen fühlen. Und das zu Recht: In den Tangen auf dem Findling wimmelt es von Garnelen, Meerasseln und Flohkrebsen, es gibt Grundeln und

Seenadeln und: In den düsteren Spalt, der von dem abgerundeten Stein und dem Meeresboden gebildet wird, sollten Sie in jedem Falle hineinspähen. Dort ruhen bei Tageslicht sehr oft große Fische, die weit über den Sandboden schwimmen müssten, um sich anderswo zu verbergen.

Eine Besonderheit auf Findlingen in mittleren, eben noch von sportlichen Schnorchlern erreichbaren Tiefen sind die Meersaiten. Diese zu den Braunalgen gehörenden Gebilde bestehen aus unverzweigten weichen Sprossen, jeweils mehr als einen Meter lang, die biegsam mit Wellengang und Strömung „mitgehen". Meist sind diese interessanten Algen hellgelb bis gelbbraun gefärbt und von feinen Haaren umgeben. Ein erstaunliches Bild, so ein Meersaitenbult in der Strömung, beinahe wie eine baltische Ausgabe der Haare der Medusa.

Wer gern dicht am Ufer bei Buhnenreihen beobachten möchte, findet geeignete Buhnenreihen am Westteil des **Boltenhagener Badestrandes**, aber auch vor **Nienhagen** und vor **Dranske auf Rügen**. Ähnliche Beobachtungsmöglichkeiten bieten alle Arten Bauwerke im Wasser, also auch die alten Molen von **Wohlenberg und Hohen Wieschendorf westlich von Wismar** oder die Pfeiler der **Selliner Seebrücke auf Rügen**. Ausgedehnte Steinfelder kann man leicht vor **Kühlungsborn**, vor **Heiligendamm**, vor **Börgerende**, bei **Ahrenshoop auf dem Darß** und vor **Nonnewitz auf Rügen** entdecken. Gute Plätze für Naturbeobachtungen inmitten von Steinfeldern und Findlingen sind außerdem die Meeresgebiete vor **Klausdorf, Gahlendorf** und **Staberhuk auf Fehmarn**.

Häufig muss man erst ein bis zwei flache Sandbarren überwinden, ehe man Meeresregionen mit Steinfeldern und Findlingen erreicht. Über diesen Sandbarren wird das Wasser in einiger Entfernung vom Ufer noch einmal etwa knietief oder höchstens hüfttief.

Bei auflandigem Seegang werden kleine Steine ans Ufer geworfen und etwas größere versinken in Ufernähe im Sand, werden regelrecht eingespült. Je kleiner ein Stein im Flachwasser, desto höher die Wahrscheinlichkeit, dass ihn das wütende Meer gen Ufer wälzen kann. Deshalb finden Sie die meisten größeren Findlinge erst weiter draußen im Meer.

Falls Sie es sich wagen, in 6–15 Meter tiefem Wasser schnorcheln zu gehen, können Sie beispielsweise nördlich von

Varnkewitz auf Rügen Findlinge auf Sand entdecken, die die Größe von Gartenlauben oder gar Einfamilienhäusern haben.

Rügens Felsküsten und das berühmte Kreideriff

Kap Arkona und die schneeweißen Felsen der **Stubnitz** ziehen viele Besucher an. Schließlich ist Arkona Rügens sagenhaftes Nordkap, wenn auch windumtost und eigentlich wenig gemütlich. Die reinweißen Felsen der **Stubbenkammer,** der **Königsstuhl,** die **Wissower Klinken** – all das ist Romantik pur. Diese Orte waren einst die Motive der Maler vom Range eines Caspar David Friedrich.

Wenn Sie sich als Rucksacktouristen mit Maske und Schnorchel im Gepäck an die Strände der Stubnitz begeben wollen, so finden Sie unter Wasser auf hellem Sande Kreidebrocken, wie sie alle Jahre wieder vom Steilufer abbrechen und ins Meer rutschen. Unterhalb von Stubbenkammer liegt ein sehr lichtes, helles Schnorchelrevier mit klaren Linien am Meeresgrund. Wo immer wieder Kreidefelsen von Meer und Sand zerlegt werden, hat man auch große Chancen, versteinerte Fossilien im Flachwasser zu finden.

Aber das ist es noch nicht, das wirkliche Kreideriff. Das echte Kreideriff besteht aus einer flachliegenden Felsplatte, die sich vor der Küste zwischen dem „Film-Fischerdorf" **Vitt** und **Kap Arkona** befindet. Die Oberfläche des Kreideriffes liegt in etwa 9–12 Meter Tiefe und ist deshalb nur für sehr ambitionierte und trainierte Schnorchler geeignet. Vom Ufer aus zu schwimmen ist möglich, aber gefährlich, weshalb Bootsausfahrten mit Fischern oder der örtlichen Tauchbasis Goor empfohlen werden.

Obwohl das Riff aus eben solcher schneeweißen Kreide wie die Felsen zu Lande besteht, sieht es beim Abtauchen zunächst völlig anders aus: Die Oberfläche dieser Felsplatte ist mit dunklen Miesmuscheln und feinen roten Tangen flächendeckend bewachsen. In manchen Jahren kann man auf dem Kreideriff die rauhen langen Blätter des Zuckertanges wehen sehen. Im Riff leben eine Menge Aalmuttern, Aale, Klieschen und Seeskorpione. Im Sommer bieten die in riesi-

gen Schwärmen vorhandenen Schwebegarnelen viel Fisch-
futter.

Das Kreideriff ist allein als solches wahrzunehmen, wenn
man ganz hinuntertaucht und sich hineinwagt in die ver-
wirrende Welt von kleinen Canyons, gezackten Einschnitten,
ja regelrechten kleinen Gässchen am Meeresgrund. Meeres-
strömungen und Sand haben am Kreideriff genagt und winzige Täler in die Kreide geschnitten. Täler, die vielleicht ein
bis zwei Meter tief in den Fels reichen, manchmal zwei bis
drei Meter Breite aufweisen und sich in der Horizontalen
gewunden und verzweigt über zig Meter erstrecken.

Und allein in diesen Gässchen am Meeresgrund tritt die
weiße Kreide erneut zutage: Die Seitenwände der Einschnit-
te in den Fels des Riffes bleiben schneeweiß, bleiben relativ
unbesiedelt, während sich an der Oberkante und auch am
Boden dieser Canyons die übliche schwarzrote Hartboden-
besiedelung hält.

Die weiß strukturierten Seitenwände der unterseeischen
Gässchen sind malerisch zerfressen, zeigen Unregelmäßig-
keiten und Einschlüsse im Fels. Wer in diesem Revier zu
schnorcheln versteht, kann wahre Naturwunder betrachten.
Doch so sportlich das Schnorcheln auch ist, am Kreideriff
bei Arkona muss beinahe das Gerätetauchen empfohlen
werden.

Auch wenn das Kreideriff Rügens berühmteste Unterwas-
ser-Felslandschaft ist – es gibt noch mehr Möglichkeiten.
Direkt nördlich von **Arkona** und vor den Dörfchen **Varnkewitz** und **Nonnewitz** finden wir Seegebiete mit großen Ein-
zelfindlingen im Wasser. In diesen Regionen beobachtet man
immer wieder den Steinpicker, einen urtümlich ausschauen-
den kleinen Grundfisch mit vier Stacheln auf dem und
„Fransen" unter dem Maul. Diese Barteln helfen beim Auf-
spüren wirbelloser Grundtiere. Der eigentümliche Fisch ist
förmlich mit kantigen Hautknochenplatten gepanzert. Von
vorn sieht dieser bizarre Fisch recht wuchtig und irgendwie
stabil aus, doch nach hinten endet er in einem winzigen
dürren Schwänzchen.

Selten beobachtet man hier auch einmal einen Grauen
Knurrhahn, der in der Ostsee als Irrgast gilt. Dieser etwa
30 Zentimeter große Grundfisch hat eine zweikammerige
Schwimmblase und kann knurrende Laute von sich geben,

Seewärts blickend rechts vom Hafen Lohme auf Rügen liegt ein wunderbares Schnorchelrevier mit großen Findlingen und ausgedehnten Steinfeldern.

wenn er gefangen und aus dem Wasser genommen wird. Ähnliche Schnorchelreviere mit viel Sandboden und kleinen Findlingen gibt es auch vor **Vitt** und **Drewoldke**.

Sehr schöne und leicht erreichbare Felslandschaften finden wir außerdem vor dem kleinen Hafen von **Lohme** sowie unterhalb der Dörfer **Nardewitz** und **Bisdamitz**. Bei diesen Schnorchelrevieren handelt es sich um mehr oder weniger geschlossene Steinfelder am Meeresgrund, aus denen sich einzelne größere Steine oder kleine Felsmassive erheben.

Am Hafen von Lohme kann man seewärts blickend rechts wunderbar schnorcheln gehen. Ausgangspunkt ist in diesem Falle der Schwanenstein, Rügens größter im Flachwasser liegender Findling. Über den Findlingen von Lohme lassen sich gut Jungfischschwärme beobachten.

Es gibt auch Muschelbänke und farbenprächtige Tange. An der Außenseite der Natursteinschüttmole des Hafens kann man bei ruhigem Wasser schattige Lücken zwischen den Felsbrocken spähen. Dort ist so mancher größere Fisch zu entdecken, der sich für die Zeit des Tageslichtes zurückgezogen hat.

Die Umgebung des Hafens **Lohme** ist natürlich ein vielbesuchter Ort, wo man nicht allein ist und sicher Zuschauer haben wird.

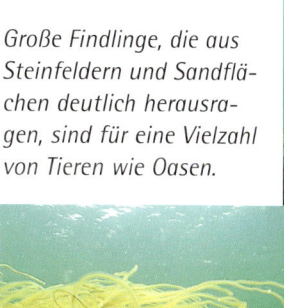

*Große Findlinge, die aus
Steinfeldern und Sandflä-
chen deutlich herausra-
gen, sind für eine Vielzahl
von Tieren wie Oasen.*

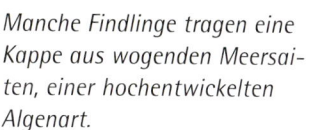

*Manche Findlinge tragen eine
Kappe aus wogenden Meersai-
ten, einer hochentwickelten
Algenart.*

Wenn Sie dort schnorcheln, werden sich andere Menschen dafür interessieren, was Sie gesehen haben. Doch man kann sich nach dem Schnorcheln im Café Niedlich an der Treppe zum Hafen wieder stärken und erholen, was angesichts der kühlen Ostsee nicht zu unterschätzen ist.

Freunde der relativen Einsamkeit begeben sich jedoch eher an die Küste unterhalb von **Nardewitz** und **Bisdamitz**. Durch einen dicht-grünen Küstenwald geht es über stille Wege, ja teils serpentinenartige Pfade hinab zum Meer. Die Küste bietet hier keinerlei Sandstrand. Das Ufer besteht weithin aus großen abgerundeten Steinen. Und diese Steine tragen vielfältige interessante Maserungen. Inmitten des Gerölls wuchern salzliebende Pflanzen.

Es ist deutlich zu sehen, dass das Meer hier oft wild brandet. Zerfaserte Tampen (Seilenden), halb zerschlagene Fisch-kisten und allerhand wohl von Schiffen über Bord gewa-schene Souvenire künden davon.

Die wilden Steinfelder setzen sich unter Wasser fort. Im-mer wieder werden große markante Steine, die aus dem klei-neren Geröll ragen, Zielpunkte des Abtauchens. Alle der Dü-nung ausgesetzten Steine sind von hin und her wogenden Tangen in rot, grün oder goldgelb überwachsen. Hohe Find-

Seeskorpione vertrauen als die typischen Bewohner felsiger Lebensräume auf regloses Daliegen als Tarnung, ...

... die ähnlich bizarren Steinpicker hingegen sind viel in Bewegung und benötigen zur Nahrungssuche sandige Partien oder Weichboden zwischen den Steinen.

linge tragen obenauf eine Krone von Tangen, während sie an den Seitenwänden von Miesmuscheln, Moostierchen und Seepocken bedeckt sind.

Manchmal sind große Felsbrocken, von der Größe eines Pkw oder noch größer, völlig von wogendem rotbraunem Tang verhüllt und wirken eigentümlich monolithisch trotz fließender Form. Und diese mit der Dünung veränderliche Form entsteht oftmals durch die flächendeckende Besiedelung mit Rotem Horntang und den kleinen fächerförmigen Büschen des Kammtanges.

Das Lückensystem zwischen den Felsen ist natürlich das ideale Revier für Seeskorpione, Schwarzgrundeln und Aalmuttern. Hier können sie auch bei Tageslicht lauern und mit geringstem Bewegungsaufwand wieder in die Deckung abtauchen.

Sowohl unterhalb von **Bisdamitz** wie auch **Nardewitz** mündet jeweils ein Bach in die Ostsee. Seewärts blickend rechts des Baches unterhalb Nardewitz strandete einst am sogenannten **Hellgrund** ein stählerner Postdampfer und ging unter. Leider hat die Brandung nur wenig davon übriggelassen. In drei bis vier Meter Tiefe findet der aufmerksame Schnorchler aber noch heute einige Stahlschiffreste.

Grundel-Welten

Die „Stars" der Lebensräume in geringen Tiefen sind eindeutig die verschiedenen Grundelarten. Schon, wenn Sie mit Gummistiefeln durch das Flachwasser stapfen, können Sie Grundeln entdecken. Oft sind sie nur anhand ihrer Fluchtbewegungen auszumachen, aber bei besonders vorsichtiger Annäherung werden Sie die Tierchen dennoch betrachten können. Mit Maske und Schnorchel sind „Grundelsichten" ein Leichtes und auch ohne das sportliche Abtauchen machbar.

Die Grundeln zählen zu den barschartigen Fischen. Innerhalb der Grundelfamilie gibt es sogar Arten, die mit einem Zentimeter Länge ausgewachsen sind und als die derzeit kleinsten bekannten Wirbeltiere gelten. Die Grundelarten der Ostsee sind etwas größer. Alle Grundeln sind Raubfische, allerdings bewältigen sie nur kleine Beutetiere wie Krebschen, Würmer, Fischlarven und Jungfische. Bei den meisten Grundelarten sind die Bauchflossen verschwunden und zu einer Saugscheibe umgebildet.

Wenn Sie große Sandflächen oder mitunter auch nur kleine sandige Stellen zwischen Felsen vorfinden, leben bereits ab knietiefem Wasser Sandgrundeln. Die sandfarbenen bis

*Sandgrundeln werden Sie im Revier überwiegend einzeln vor-
finden und doch pflegen diese Fische eine gemeinsame Verteidigung gegen Laichräuber.*

hellgrauen Fische tragen vier mehr oder weniger deutliche,
schwarze senkrechte Streifen an jeder Körperseite. Diese Art
wird im salzarmen Wasser der Ostsee höchstens neun Zentimeter lang.

Obwohl Sandgrundelschwärme bis in 200 Meter Tiefe existieren können, haben sie ihren Vorzugslebensraum im
Flachwasser. Manchmal nutzen diese Grundeln jede leere
Muschelschale als Dach für eine kleine Höhle im Sand, in
der sie im Hochsommer ihren Laich ablegen. Die Schalen der
Sandklaffmuscheln scheinen sie besonders zu schätzen.
Sandgrundeln bauen aktiv Laichhöhlen. Dazu drehen sie
eine Muschelschale mit der Wölbung nach oben als „Dach"
und graben darunter eine Höhle.

Die kleinen Sandgrundeln zeigen ein ausgeprägtes Sozial-
verhalten. Wenn sich ein Fisch einer anderen Art im Laichge-
biet der Sandgrundeln bewegt, stürzen sich sofort alle Männchen des Reviers auf den Eindringling, um diesen gemeinsam
zu vertreiben. Sandgrundeln sind die bevorzugte Beute von
Steinbutten. Außerdem leben auf dem Sand Strandgrundeln,
die sich von den Sandgrundeln in Aussehen und Größe so
geringfügig unterscheiden wie die beiden Namen.

Eine recht seltene Beobachtung erleben Sie, wenn Sie
Grundeln entdecken, die den Sandgrundeln ähnlich sind, aber

eine Doppelreihe kreisrunder schwarzer Punkte auf den beiden Rückenflossen tragen. Das sind Fleckengrundeln, die überwiegend in der westlichen Ostsee leben.

Wo im Flachwasser spärliches Seegras oder große Blasentangfelder wachsen, kreisen die Schwärme der winzigen Schwimmgrundeln. Diese Fische haben einen olivbraunen bis rötlichen Bauch und wirken sonst beinahe durchscheinend. Die planktonfressenden Schwimmgrundeln sind oft zu scheu und zu schnell für Beobachtungen ganz dicht vor der Maskenscheibe.

Dafür kann man eindrucksvoll miterleben, wie so ein ganzer Schwarm auf bedrohliche Bewegungen im Wasser reagiert. Im Norden heißen alle Grundeln volkstümlich auch „Külinge“. Weil die Planktonjagd der Schwimmgrundeln im freien Wasser sicher oft beobachtet worden ist, tragen sie den speziellen Beinamen „Schnappkülinge“.

Die imposantesten Vertreter der Grundelfamilie sind die Schwarzgrundeln. Diese Art kann knapp 20 Zentimeter lang werden, erreicht aber im Brackwasser zwischen **Rügen** und **Bornholm** meist nur 10 bis 12 Zentimeter. Schwarzgrundeln bevorzugen den Lebensraum zwischen Felsen und Geröll, überwiegend findet man sie erst ab zwei Metern Tiefe

Große, sehr dunkel gezeichnete Schwarzgrundelmännchen sind Einzelgänger, die ein Revier beanspruchen, aus welchem sie Artgenossen vertreiben. Kleinere, etwas hellere – sozusagen rangniedrigere – Schwarzgrundeln bewohnen oft gemeinsam dieselbe Höhle oder Felsspalte.

Wenn Sie Schwarzgrundeln mit einer zerdrückten Miesmuschel und etwas Geduld zur Beobachtung hervorlocken, werden Sie sehen, wie die großen, fast völlig schwarzen Männchen zuerst fressen. Kleinere Individuen schnappen ängstlich die seitlich abfallenden Brocken weg und fliehen dann wieder auf sichere Distanz.

Schwarzgrundeln heften ihr Gelege offen an Holzstücken und Steine. Die Männchen bewachen die Nachkommen für etwa drei Wochen. Männchen sind in der Laichzeit tiefschwarz gefärbt, den Rest des Jahres mehr schwarz-marmoriert.

Schwarzgrundeln sind „Einzelkämpfer“, eine gemeinsame Verteidigung des Laichreviers wie bei den Sandgrundeln gibt es bei ihnen nicht. Das von dem Grundelmännchen bewachte Gelege hat – wie im Folgenden beschrieben – ein ungewöhn-

Schwimmgrundeln schwimmen beinahe unablässig und jagen Zooplankton. Sie heißen im Norden auch Schnappkülinge.

Schwarzgrundeln sind die größten und aggressivsten Grundeln an unserer Ostseeküste. Sie kämpfen Revierstreitigkeiten aus.

liches Aussehen: Während die Eier anderer Fischarten meist kugelrund sind, haben Grundeleier eine langgezogene keulenartige Form. Dabei ist das schlankere Ende zum Meeresboden weisend am Untergrund angeheftet, das dickere Ende mit der manchmal schon sichtbaren Grundellarve zeigt nach oben. Diese Eier sind etwa zwei Millimeter lang.

Grundeln sind weit verbreitet und Sie werden an jedem Badestrand **von Fehmarn bis Heringsdorf** die eine oder andere Grundelart finden. Schwimmgrundelschwärme schweben im freien Wasser, orientieren sich aber gern an hoch aufragenden Gebilden wie etwa Buhnenpfählen oder dem Rand eines Wasserpflanzenfeldes. Sand-, Strand- und Fleckengrundeln leben völlig an den Grund gebunden und Sie werden trotz der Vielzahl dieser Fische genau hinsehen müssen, um einige zwischen den Sandrippeln des Meeresbodens zu entdecken.

Ideale Plätze sind der pure Sand vor **Boltenhagen** und **Tarnewitz**, vor **Kühlungsborn** und die weiten Sandstrände der **Stolteraa bei Rostock**. Das perfekte Sandgrundelrevier lässt sich außerdem östlich von Rostock vor **Graal Müritz** und an den Stränden vor **Ahrenshoop, Prerow** und **Zingst auf dem Darß** finden. Auch die Sandstrände bei **Wallnau** und **Westermarkelsdorf auf Fehmarn** sind reich an Sandgrundeln.

Um Schwarzgrundeln zu sehen, müssen wir meist steinige Reviere beziehungsweise Muschelbänke finden. Oft ist es auch nötig, zwei bis drei Meter tief abzutauchen, um diese größte Grundelart der Ostsee in ihrem Lebensraum zu besuchen. Gute Plätze für Schwarzgrundelbeobachtungen sind der alte Marinehafen (und künftige Marina) von **Tarnewitz**, die alte Mole von **Wohlenberg**, aber auch die unterseeischen Steinfelder vor **Kühlungsborn, Heiligendamm, Börgerende, bei Ahrenshoop auf dem Darß** und **vor Nonnewitz auf Rügen**. Feinste Schwarzgrundelbeobachtungen inmitten von Steinfeldern und Findlingen versprechen auch die Meeresgebiete vor **Klausdorf, Gahlendorf und Staberhuk auf Fehmarn**.

Strandkrabben werden ungefähr handgroß und heißen an der Küste wegen ihres Seitwärtsganges „Dwarslöper".

Von Krabben und Garnelen

Wenn Sie gern nach bizarren kleinen Tieren Ausschau halten und deren „Lebensart" beobachten wollen, werden Sie in der Ostsee viel Freude haben. Im Blasentang und Darmtang leben Flohkrebse und Baltische Meerasseln, es gibt Sand- und Felsgarnelen. Vor allem im Flachwasser schweben im Hochsommer ganze Wolken von sogenannten Schwebegarnelen, die wohl nach Zooplankton jagen, sich aber offenbar auch über verendete Fische hermachen. Und manchmal sieht man auch wuchtige Krabben. Sogar die jedermann bekannten Seepocken sollen Krebse sein und neuerdings hört man in Insiderkreisen von getigerten Flohkrebsen.

Doch im allgemeinen Sprachgebrauch herrscht sozusagen „babylonische Verwirrung". Die Strandkrabben heißen eigentlich „Dwarslöper", der Taschenkrebs firmiert in Wahrheit als Krabbe und die Krabbenfischerei für die Speisekarte gilt in der Realität den Garnelen. Ganz zu schweigen davon, dass in den Kalkkegeln der Seepocken Rankenfußkrebse wohnen ... Wie sortieren wir das?

Strandkrabben bekommen wir in der Ostsee am häufigsten zu Gesicht. Bei der geringsten Beunruhigung flieht diese Krabbe auf ihren acht Beinen über „Stock und Stein". Sie

*Die zierlichen Garnelen werden in Nord- und Ostsee als „Krab-
ben" befischt. Wir können die sehr sprunghaften Tiere in ganz
flachem Wasser beobachten.*

läuft eilig und etwas seitwärts, nicht etwa frontal geradeaus.
Genau das hat dieser Krabbe den Namen „Dwarslöper" ein-
gebracht, denn „dwars" bedeutet an der Küste so etwas wie
„quer oder seitwärts von der Kiellinie".

Die Strandkrabbe hat einen ungefähr handgroßen Körper,
einen olivgrünen Panzer mit feinen Zacken am Vorderrand
und wird erstaunliche 30 Jahre alt. Sie läuft sehr flink. Falls
Sie das Tier schnorchelnd verfolgen und an einem Stein in
die Enge treiben, wird es Ihnen die hochgereckten Scheren
zur Abwehr entgegenhalten.

Wenn Sie die Strandkrabbe am Außenrand des Körpers
von oben hinter den Scheren anfassen, können Sie das Tier
in Ruhe betrachten, ohne gezwickt zu werden. Hinter ihren
Rückenpanzer kann die Krabbe mit den Scheren nicht fas-
sen.

Strandkrabben können in der Ostsee gut bis etwa auf
Höhe **Rügen** und **Bornholm** leben, weiter östlich kaum. Im
geringen Salzgehalt der Ostsee ist ihnen eine Fortpflanzung
nicht möglich. Deshalb hängt der Strandkrabbenbestand immer wieder davon ab, ob genügend Jungtiere aus der Nordsee in die Ostsee verdriftet werden.

Doch nicht allein die Strandkrabbe ist in der Ostsee trotz häufigen Vorkommens eine „zugereiste" Art. Seit etwa zehn Jahren breitet sich besonders in den **Bodden rund um Rügen** und der **Darß-Zingster-Boddenkette** die Rundkrabbe aus. Diese Art stammt aus Nordamerika und hat etwa drei Zentimeter Körperdurchmesser. Die gutaussehende Krabbe weist eine blaugrau marmorierte Färbung auf, die an den Scheren in reines Weiß übergeht. Diese Krabbenart wirkt beinahe wie eine Miniatur aus Porzellan.

Die größte Krabbe der Ostsee ist der Taschenkrebs. Dieses wuchtige Tier hat bis zu 20 Zentimeter Körperdurchmesser und vor seinen Scheren muss man sich bereits in acht nehmen. Aber die beeindruckenden Taschenkrebse kann man leider nur in den ganz westlichen Ostseeteilen im Flachwasser oder aber im salzreichen Tiefenwasser finden. Eine solche Begegnung ist eher die Ausnahme.

Es kann Ihnen durchaus passieren, dass Ihnen im Flachwasser der Ostsee auch eine Krabbe begegnet, die etwa so groß wie ein Strandkrabbe ist, jedoch deutlich behaarte Laufbeine und Scheren hat. Nach dieser Besonderheit heißt das Tier Wollhandkrabbe. Diese Krabben leben überwiegend in Flüssen und Seen des Binnenlandes, suchen jedoch zur Fortpflanzung Brackwasser auf.

Außerdem beobachten wir im Baltischen Meer einige Arten bizarrer bis zierlicher Garnelen. Eine dieser Arten ist die Sand- oder Nordseegarnele. Um dieses blassbraune bis weinrote Tier geht es meist, wenn im Nordseeraum von Krabbenfischerei die Rede ist oder Krabben auf der Speisekarte stehen.

Die Nordseegarnele lebt nicht allein in der Nordsee, sondern auch im westlichen Drittel der Ostsee, überwiegend auf dem freien Grund und kann daher recht gut mit Schleppnetzen gefangen werden. Nordseegarnelen haben spezielle Farbstoffzellen, die es ihnen ermöglichen, sich der Farbe des jeweiligen Grundes anzupassen.

Die Fels- oder Ostseegarnele ist noch zierlicher als die erstgenannte Art. Sie hat einen glasig durchscheinenden Körper, kann ihre Färbung nicht verändern und trägt feine schwarze und gelbe Linien. Obwohl man die Ostseegarnele auch einmal über freiem Grunde antrifft, bewohnt sie doch überwiegend Pflanzenbestände in ganz geringen Tiefen.

Schwebegarnelen sind nur etwa so lang wie ein Streichholz. Deutlich sieht man den Brutbeutel, der zu ihrem Beinamen „Opossumgarnelen" geführt hat.

Diese Art wird mit Reusen befischt. Dabei lenkt der Fischer mit bis auf den Grund reichenden Leitnetzen die nächtliche Laichwanderung der höchstens acht Zentimeter großen weiblichen Krabben in die Netzkörbe um. Im Ostseeraum sind die Nordseegarnelen bei Feinschmeckern weniger begehrt und die Fischer stellen deshalb den zierlichen Ostseegarnelen nach.

Allerdings gibt es nur noch zehn Fischerfamilien, die das Fischereirecht auf „Krabben" in der Ostsee besitzen und jeweils in der Familie vererben. Der Garnelenfang ist selbstverständlich auch nur ein kleiner Ausschnitt fischereilicher Tätigkeit, alljährlich eine Episode von wenigen Sommerwochen.

Ostseegarnelen können wir häufig beim Schnorcheln beobachten, ohne auch nur abtauchen zu müssen. Die glasig-durchscheinenden Tiere fallen uns auf, wenn sie sich sprunghaft durch wogende Algen bewegen. Inzwischen ist als weitere Art die aus dem Mittelmeerraum eingeschleppte Sägegarnele von West nach Ost bis zum **Barther Bodden** vorgedrungen. Aber diese Garnele lebt verborgen und ist sehr schwer zu entdecken.

Manchmal sehen wir riesige Schwärme sehr kleiner Garnelen, die über Steinfeldern herumwimmeln und sich bei nächtlichen Beobachtungen rasch um die Unterwasserlampen scharen. Diese heißen Schwebegarnelen, eine den Zehnfußkrebsen nur entfernt verwandte Art. Die winzigen Schwebegarnelen haben lediglich Streichholzgröße und sind ein Überbleibsel (Reliktenfauna!) der letzten Eiszeit. Ihr zweiter

Eine Versammlung von Krebstieren, die gar nicht nach Krebsen aussieht: Rankenfußkrebse alias Seepocken und Baltische Meerasseln.

deutscher Name Opossumgarnele bezieht sich auf den Brutbeutel dieser Tiere, in dem sich deren Jungtiere entwickeln.

Wenn Sie zwischen den Tangen und Blütenpflanzen der Ostsee genau beobachten, werden Sie dort viele kleine Krebstiere sehen, die allerhöchstens zwei bis drei Zentimeter lang werden: verschiedene Meerasselarten, durchscheinende bis blassbraune Flohkrebse sowie den Tigerflohkrebs!

Das ist natürlich weder ein Witz noch ein Verwandter von Janoschs Tigerente. Dieser fremdländische Flohkrebs wird reichlich drei Zentimeter groß. Der Tigerflohkrebs wanderte auf welchem Wege auch immer von Nordamerika in die Bodden der Ostsee ein. Vermutlich ist er an bewachsenen Schiffsböden „mitgereist". Er trägt markante schwarze „Tigerstreifen- und punkte" auf seinem beinahe farblosen Körper.

An vielen Steinen finden Sie die bekannten Seepocken. In den vulkankegelförmigen Gehäusen wohnen Rankenfußkrebse. Die zierlichen Rankenfüße fahren unregelmäßig stoßweise aus dem Gehäuse und werden ruckartig zurückgezogen. Dadurch erhält der Rankenfußkrebs im Gehäuse sauerstoffreiches Frischwasser und Planktonnahrung. Um den Vorgang zu beobachten, muss man sich mit Maske und Schnorchel ganz dicht an bewohnten Seepocken positionieren und ohne Wirbel im Wasser abwarten.

Die Rankenfußkrebse in den weißen Kalkkegeln haben sowohl männliche als auch weibliche Geschlechtsorgane. Obwohl sie stationär leben und sich nicht zueinander bewegen können, findet eine Fremdbefruchtung statt - mittels eines langen Penis, der bis zu benachbarten Tieren reicht.

In zahlreichen Berichten über die zentrale Ostsee können wir lesen, dass Seepocken auf Grund des Salzmangels hier nicht mehr leben, an anderer Stelle wird ihr Dasein als zum Lebensraum gehörend geschildert. Die Wahrheit liegt – wie so oft – irgendwo in der Mitte. Die Rankenfußkrebse sind schon **bei Rügen** spärlich und klein, die salzarmen Bedingungen sind hart! Um sich ein Bild zu machen, sollte man nicht allein nach den vorhandenen Kalkgehäusen sehen, sondern auch danach, wie viele Gehäuse von lebenden Krebsen bewohnt sind!

Dabei stellt man schnell fest, dass manchmal nur in jedem zehnten Gehäuse ein Rankenfußkrebs zu Hause ist, während viele der verlassenen Kalkkegel von Meerflohkrebsen und anderen Tieren okkupiert sind. Die planktonischen Larven von Rankenfußkrebsen alias Seepocken überleben im salzarmen Ostseewasser selten, weshalb vor Rügen immer nur ein paar Tiere übrig bleiben, wenn sich während eines kräftigen Salzwassereinbruches aus der Nordsee ein paar Larven zum Rankenfußkrebs entwickeln.

Garnelen finden Sie überwiegend an pflanzenreichen Orten, wie sie im Kapitel Seegrasdschungel beschrieben werden. Ein magischer Ort zum Beobachten von Ostseegarnelen ist das **Salzhaff bei Rerik und der Halbinsel Wustrow**. Hier begeben sich in geringster Tiefe (Das Salzhaff ist im Durchschnitt nur 2–3 Meter tief.) große Zahlen von Ostseegarnelen auf eine nächtliche Laichplatzwanderung. Dabei verlassen sie ausnahmsweise den Schutz „ihrer" Pflanzenfelder.

In Wiesen von Blütenpflanzen und Tangen verbirgt sich außerdem der größte Teil der verschiedenen Flohkrebsarten. Krabben und Meerasseln können überall leben, schätzen jedoch strukturreiche Gründe mit Steinen, kleinen Höhlen und Muschelbänken am meisten. Schwebegarnelenschwärme trifft man mehr oder weniger zufällig im Freiwasser an und ihr Lebensraum ist nicht vorherzusagen.

Abenteuer Kutterfischerei

Wer kennt sie nicht, die teils farbenprächtig angestrichenen, teil sehr historisch aussehenden Holzkutter der Ostseefischer, die am Bug eine Nummer mit dem Kürzel ihres Heimathafens tragen. Die Männer auf diesen Kuttern bergen im Morgengrauen den Reichtum des Meeres, der oft schon mittags als kulinarische Kostbarkeit an der Strandpromenade zu haben ist. An Bord dieser Schiffe wird noch heute in der Art der Vorväter gefischt. Noch genau so wie damals, als der Sage nach „die Schiffe aus Holz und die Männer aus Eisen" waren. Wir wollen sie einmal begleiten:

Die Männer in den orangen Fischerhemden trinken schon bei Sonnenaufgang ihren Kaffee aus der Thermosflasche auf dem Hafenkai, während die gutmütig brummelnden Diesel auf den traditionellen Holzkuttern warmlaufen und der Tau an Deck trotz der Morgenkühle verdunstet. Bald werden die Leinen losgeworfen. Und diesmal sind wir mit an Bord.

Der Bootsführer lehnt in der Tür des Kartenhauses und steuert den Kutter mit einer Hand. An Deck bereitet sein zweiter Mann die Netze vor. Hüfthoch türmen sich Stellnetze von hunderten Meter Länge auf den Planken, auf Folien oder stecken in Kunststofffässern. Unser Kutter biegt um die schützende Mole aus Natursteinen und ist nun Wind und Wellen der Ostsee ausgesetzt. Sogleich beginnt das Schiffchen zu rollen und zu stampfen, das alte Holz knarrt, der Kutter legt sich ein wenig in Windrichtung über. Mit schäumender Bugwelle entfernen wir uns seewärts und die Häuschen am Strande werden immer kleiner.

Die Fischer verstehen sich wortlos. Weit draußen, doch noch in Sichtweite des Landes, verlangsamt man die Fahrt des Schiffes. Eine lange Stabboje mit schwarzer Flagge geht über Bord und signalisiert dem Kundigen den Anfang der Netzreihe, die jetzt gestellt wird. Über quietschende Kunststoffrollen läuft die lange Netzreihe aus. Automatisch geht dennoch nichts, immer muss einer der Fischer Netz nachreichen oder neue Netze anschlagen. Langsam leert sich das Deck. Die Startboje ist kaum noch zu sehen. Dann wird auch die zweite Boje gesetzt. Zwischen zwei langen, im Wellengang etwas surreal über den Wellen schwebenden Stäben mit schwarzer Flagge verbergen sich viele Meter Netz in den

Tiefen der Ostsee. Was dort unten wohl passieren mag? Die gestellten Netze sind Kiemennetze. Eine bleibeschwerte Leine an der unteren Kante bringt sie zum Versinken. Schwimmkörper an der Oberleine halten die Netze aufrecht. Aber nur aufrecht, die Tragkraft der Schwimmkörper vermag das Netz nicht an die Wasseroberfläche zu ziehen. Deshalb steht die Netzwand aufrecht wie ein etwa zwei Meter hoher Zaun am Meeresgrund. Die Erfahrung der Fischer lässt sie die richtige Tiefe für ihre beabsichtigten Fänge wählen.

Grundstellnetze sind passive Fanggeräte. Die Fische verfangen sich auf Grund ihrer eigenen Schwimmaktivität darin. Die Fischer wählen je nach Jahreszeit eine Maschenweite, die sinnvoll ist. Dann passiert am Meeresgrund folgendes: Die Fische bewegen sich auf ihrer nächtlichen Nahrungssuche durch das Meer und stoßen auf die Netzwand. Zu kleine Fische schlüpfen einfach durch die Maschen und haben gar kein Problem.

Zu große Fische berühren oftmals das Netz, prallen ab, verhaken sich nicht und flüchten wieder. Ganz „clevere" Fische mit vermutlich schlechten Erfahrungen an Netzwänden schwimmen an der Wand entlang, bis sie endet. Die „genau richtigen" Fische fangen sich im Netz. Sie schwimmen meist vorwärts ins Netz hinein, verhaken sich zwischen Kopf und Rückenflosse darin und die aufgeregt pulsierenden, abstehenden Kiemendeckel verhindern einen Rückzug in die Freiheit. Deshalb heißen diese Netzwände auch Kiemennetze.

Nach dem Aussetzen der neuen Netze „dampft" man zum Fangplatz der vergangenen Nacht. Per Bootshaken wird die Stabboje des Netzanfanges an Bord geholt. Einer der Männer fädelt die vorderste Netzecke in die Netzwinde ein. Dann beginnen die Männer zu hieven. Grob geriffelte Kunststoffwalzen ziehen das Netz voller Fische an Deck, ohne die Fische zu verletzen. Das ist nicht allein ein Gebot des Tierschutzes, beschädigte und verletzte Fische würde auch niemand kaufen.

Eine Netzreihe wird immer gegen den Wind aufgenommen, damit der Kutter nicht über das Netz treiben und sich womöglich mit der Schiffsschraube verhaken kann. Längst stecken die Männer von Kopf bis Fuß in Gummisachen und kümmern sich um die Fische. Die werden schnell von den

Was geschieht bei der Stellnetzfischerei am Meeresgrund? Die Kie-
mennetze stehen wie Zäune in der Tiefe. Hier ist ein Dorsch ins Netz
gegangen.

Netzblättern losgehakt und in bereitstehende Fischkisten gepackt. Die meisten Fänge sind Schollen, Flundern und Dorsche. Wenn sich zu kleine Fische verhakt haben, werden sie
vorsichtig befreit und ins Meer zurückgeworfen.

Kreischend folgt ein Schwarm Möwen dem Kutter. Die
Vögel erhoffen sich leichte Beute, wenn die Fischer etwas
ins Meer zurück werfen oder falls sie gefangene Fische schon
auf dem Schiff ausnehmen. Die Möwen sind sehr hartnäckig und umschwirren das Ruderhaus des Kutters. Die Arbeit
der Fischer läuft unglaublich schnell ab. In kurzer Zeit sind
die Speisefische verpackt und die Netze zum neuen Setzen
klariert. Der Kapitän steuert nun noch andere Fangpositi-
onen dicht unter Land an. Hier hat der Kutter vielleicht nur
noch zwei Meter Wasser unter dem Kiel.

An diesen Stellen ragen dunkel-hölzerne Stäbe aus dem
Wasser, die im weichen Grunde stecken. Die Stangen mar-
kieren Aalreusen.

Jeweils zwei gegenüberliegende Netzkörbe mit einem
Leitnetz dazwischen versperren am Meeresgrund die vermu-
teten nächtlichen Wege der Aale. Diese schwimmen am Leitnetz entlang und geraten so in die Netzkammern. Bedin-

Die Arbeit der Fischer an Deck des Kutters läuft sehr rasch ab. In kürzester Zeit sind die Fische aus dem Netz genommen und die Netze für den nächsten Fang klariert.

gung ist natürlich, dass die Reuse perfekt auf festem Grund aufliegt.

Die Fischer holen die Fangkammer, den Steert, an Deck. Darin winden sich nahezu schwarze Aale wie die Schlangen. Der Steert wird am hinteren Ende aufgebunden und die Aale gleiten in einen Behälter. Nach sorgfältigem Zubinden beider Reusenenden wird diese erneut zwischen den Stangen ausgebracht.

Und schon nimmt der Kutter Kurs auf den kleinen Heimathafen zwischen den Sanddünen. Nun ist ein Moment Zeit, den Anblick des Meeres zu genießen. Die kleinen Kräuselwellen, die Sonnenreflexe auf dem Wasser, den Großsegler am Horizont. Märchenhaft still liegt das Seebad da, umrahmt von Sanddorn und Küstenwald. Wie ein verwunschenes Dorf. An den weiten Stränden bleibt noch immer alles still. Denn es ist kaum sechs Uhr morgens.

Kutterfahrten werden in einigen Seebädern als spezielle Ausfahrten für Angler oder für Taucher angeboten. Die Fischer bei ihrer richtigen Arbeit begleiten zu dürfen ist eher die Ausnahme. Doch in den kleinen Hafenschänken lässt sich über alles reden.

Der Weg zum Tauchen

Nach einem aufregenden Schnorchelsommer am Meer haben Sie vieles von den kleinen und großen Geheimnissen des Meeres gesehen. Sie können mit ABC-Zeug gut schwimmen und abtauchen. Sie haben keine Angst mehr vor Wellen und Strömungen. Sie haben sogar gelernt, das Meer ein wenig einzuschätzen: Mit einem Blick auf Windrichtung, Windstärke und Wellengang festzustellen, was unter den aktuellen Bedingungen im Wasser möglich ist.

Die Kunstgriffe zum Erreichen des Druckausgleiches sind Ihnen geläufig und ein längeres Dahingleiten über den Landschaften des Flachwassers ist längst zum entspannenden Spaß geworden. Und Sie haben an Intuition gewonnen. Sie wissen ungefähr, wo Ihre persönlichen Grenzen zwischen Spaß und Ernst liegen, wie tief Sie ohne Angst hinuntertauchen können, wie lange Sie den Atem anhalten können, ohne „japsend fix und fertig" wieder aufzutauchen, wie rasch und steil Sie abtauchen können, ohne Schmerzen in den Ohren zu verspüren. Denn der Druckausgleich stellt sich individuell verschieden schnell ein.

Natürlich bewegt Sie in erster Linie die Freude an den Naturbeobachtungen im Meer, die Anstrengungen des Schnorchelns auf sich zu nehmen. Der sportliche Aspekt und die selbstverständlich gesunde Seite des Schwimmens kommen noch hinzu. Vielleicht sind Sie sogar mit Nassanzug geschnorchelt und dabei an die absoluten Grenzen gestoßen, die das Apnoetauchen, Ihr derzeitiger Trainingsstand und die Zeitdauer der Unterkühlung im Meer setzen.

Und spätestens jetzt treffen Sie eine Entscheidung: Das Schnorcheln bleibt ein wunderbarer Sommerspaß, den Sie beim Urlaub am Wasser immer wieder aufs Neue genießen werden. Und das genügt. Oder auch: Schnorcheln war der Anfang des Weges zum Gerätetauchen, ich mache weiter!

Die Motivation dazu kann sehr unterschiedlich sein. Vielleicht verstehen Sie nach einem Schnorchelsommer am Meer tauchende Freunde besser und wollen es Ihnen gleichtun. Vielleicht haben Sie beim Schnorcheln schon unter Wasser fotografiert und wollen das auf gehobenem Niveau fortsetzen. Vielleicht fanden Sie nach jedem Abtauchen, dass Sie das Verhalten der Tiere für viel zu kurze Augen-

Naturbeobachtungen im Meer bereiten Freude. Dies um so mehr, wenn man mit einem Tauchgerät längere Zeit unter Wasser verweilen kann.

Wer nach Details wie diesen wenige Zentimeter großen, farbenpräch-
tigen Nacktschnecken sucht braucht unter Wasser mehr Aufenthalts-
zeit, als das Schnorcheln bietet.

blicke betrachten konnten. Vielleicht wollen Sie auch aus
purer Abenteuerlust einfach tiefer tauchen, um zu sehen,
was sich unter der grünen Dämmerung der Ostsee verbirgt.

Wer über das Schnorcheln zum Gerätetauchen kommt, hat
ungeheure Vorteile. Sie haben längst Ausdauer im Flossenschwimmen und Grundfertigkeiten des Tauchens erworben.
Sie wissen sicher, dass dieser Sport das Richtige für Sie ist.
Sie haben eine gewisse Erfahrung hinsichtlich des Aufent-
haltes und der Bewegung im Wasser und beginnen nicht bei
Null.

Damit befinden Sie sich in bester Gesellschaft. Auch berühmte Leute wie etwa der Cheftaucher des Cousteau-Teams,
Albert Falco, kamen über das Schorcheln zum Gerätetauchen. Falco konnte sich seinerzeit bei Cousteau vorstellen,
weil in Insiderkreisen bekannt war, dass er beim Schnorcheln mühelos Tiefen von 10-30 Meter aufsuchte und dort
der Unterwasserjagd und seinen Beobachtungen nachging.

Sicher bekommt nicht jeder sportliche Schnorchler die
Chance, in ein Team wie die Mannschaft der „Kalypso" be-
rufen zu werden. Dennoch müssen Sie „gewarnt" werden.
Schnorcheln macht oft „süchtig" nach mehr vom Meer. Mehr
bedeutet die Ausbildung zum Gerätetauchen, woraus leicht
ein Abenteuer auf lange oder Lebenszeit wird.

Mit Hilfe des Tauchgerätes können wir geduldige Meerestiere wie diesen Seeskorpion aus der Nähe betrachten.

Was heute als lockerer, begeisternder Schnorchelausflug zu den Garnelen und Jungfischen an der Buhnenreihe beginnt, kann in absehbarer Zeit zu Hightech-Tauchgängen an den spannendsten Wracks der Welt führen. Kleine Ursache, große Wirkung. Vor allem Kinder und Jugendliche sind in keiner Weise immun gegen den „Tauchvirus" und den Lockruf des Abenteuers.

Doch der Weg ist weit: Nötig sind zum einen zahlreiche Unterrichtsstunden, die sich mit der Physik des Tauchens, mit Atemgasen, medizinischen Aspekten des Druckes, der Zeichensprache der Taucher und vielen anderen interessanten Dingen beschäftigen. Zunächst lernt man Druckflaschen, Atemregler und Tarierjackets theoretisch kennen, dann wird mit „richtiger" Tauchausrüstung unter den sicheren Bedingungen einer warmen und klaren Schwimmhalle getaucht.

Nach vielen Übungen folgen die ersten Tauchgänge im freien Wasser, die ein Tauchlehrer begleitet. Kaum kann man einen eigenen Tauchgang planen und vorbereiten, muss man sich mit tausend Dingen wie etwa der Kompassnavigation unter Wasser, dem Tauchen bei Nacht und bei Strömung, der Dekompression und Entwässerung nach langen tiefen Tauchgängen, dem Tauchen von Booten aus und verschiedenen Tauchanzugtypen auseinandersetzen. Das komplette Wissen um das Sporttauchen, die Tauchmedizin und die Natur der Ostsee füllt sicher mehrere dicke Bücher.

Einen großen Teil der Ausbildung nehmen Rettungsübungen für Notfälle ein, Wiederbelebung, die gekonnte Zusammenarbeit mit einem Tauchpartner. Wir erinnern uns, auch allein Schnorcheln ist unklug und gefährlich. Gerätetauchen ist ein Partnersport, sichere und gut ausgebildete Tauchkameraden können im Fall der Fälle lebensrettend sein. Zu „Alleintauchern" wie etwa den Kampfschwimmern des Militärs muss man keine Vergleiche ziehen, denn die trainieren sieben Tage die Woche ...

Tauchen lernen bedeutet nicht allein eine gewaltige Wissenserweiterung und Steigerung der persönlichen Fitness, man gerät auch in Gesellschaft von besonderen Menschen, die außergewöhnliche Interessen haben und die tollsten Abenteuer planen. Dies kann Ihre Art zu leben nachhaltig beeinflussen. Vielleicht betauchen Sie schon bald die ganze Ostsee und sind Stammgast an Bord der Taucherschiffe oder gehören sogar zu einem Club weltweit agierender Abenteurer, wie es derzeit die Technischen Taucher sind. Menschen, die nahezu alle Erkenntnisse aus Wissenschaft und Technik nutzen, um sehr tiefe Tauchgänge ohne U-Boote zu realisieren.

In salzreichen Tiefen

Manchmal wuchtet der Wind über der Ostsee eiskaltes und sehr salziges Tiefenwasser an die flachen Strände. Dann kann man auch im Flachwasser einen Eindruck der marinen Umwelt bekommen, kann viele Meerestiere per Schnorchel erreichen. Doch meist bleiben das salzarme warme Oberflächenwasser und das salzreiche kalte Tiefenwasser vor unserer heimischen Ostseeküste strikt getrennt.

Im Normalfall liegt die Trennschicht zwischen beiden Wasserschichten etwa 12 bis 20 Meter tief und es ist unwahrscheinlich, dass man dort unten mit Maske und Schnorchel ausdauernd agiert. Deshalb sind die salzreichen Tiefen der Ostsee überwiegend Gerätetauchern vorbehalten.

Und es ist schon ein ganz besonderes, in Erinnerung bleibendes Erlebnis, sich den kühlen dunkelgrün wirkenden Tiefen des Baltischen Meeres zu nähern. Nach dem Durchtauchen der vom Schnorcheln her gut bekannten Oberflächenschicht erreichen wir beim tieferen Tauchen mit Gerät eine eigenartige, manchmal blassweiße, manchmal auch glasig geleeartig schimmernde Wasserschicht.

Innerhalb dieser Trennschicht fällt die Wassertemperatur vom zumindest im Sommer recht warmen Oberflächenwasser ab auf sechs bis vier Grad Celsius in der Tiefe, oft zehn Grad oder mehr innerhalb von weniger als fünf Meter Tiefenzunahme. Doch diese seltsame Sprungschicht, das Metalimnion, ist in der Ostsee nicht allein Temperatursprungschicht. Diese besondere Schicht zwischen salzarmem Oberflächenwasser und salzreichem Tiefenwasser trennt verschiedene Lebensräume, ja geradezu Welten.

Der Temperatursprung in dieser dünnen Wasserschicht bedeutet selbstverständlich auch einen „Dichtesprung" des Wassers. Dieser ist der wesentliche Grund, warum das Wasser in der Temperatursprungschicht anders aussieht, warum man die Sprungschicht nicht allein fühlen, sondern auch visuell wahrnehmen kann.

Viele leichte Partikel aus dem Oberflächenwasser, etwa die leeren Panzer toter Wasserflöhe, Reste abgestorbener Algen, Stoffwechselendprodukte, versunkener, vom Lande angewehter Blütenstaub und vieles andere mehr sedimentieren zum Grund. Doch je nachdem, wie leicht diese Partikel sind, werden sie zeitweise von der Temperatursprungschicht über dem dichteren Tiefenwasser aufgehalten, schweben hier einige Zeit, ehe sie ihren Weg zum Meeresboden fortsetzen.

Aus der anderen Richtung, vom Meeresboden her, steigen hingegen feinste Gasblasen auf, die aus den Stoffumsätzen in der Tiefe, aus der Zerlegung toter Organismen stammen. Diese winzigen Gasblasen werden auf ihrem Weg zur Wasseroberfläche ebenfalls für eine gewisse Zeit in der Sprungschicht zurückgehalten. Und das um so mehr, wenn sich in der Sprungschicht feine Partikel „von oben" befinden, an die sich die Gasblasen eine Zeitlang anlagern können.

Und solcherart erscheint uns Tauchern die Temperatursprungschicht als ein eiskaltes, inhomogenes Etwas, voller unerklärlicher Spuren von Staub und Schlieren, versetzt mit winzigen Gasbläschen wie eine Mineralwasserflasche, seltsam und von geringer, nahezu milchiger Durchsichtigkeit.

Im salzreichen Tiefenwasser der Ostsee können wir Seenelken ...

... und prächtige Seesterne entdecken.

Hier unten, wo der Salzgehalt des Wassers 25 Promille haben und der Nordsee ähnlich sein kann, leben marine Fischarten wie das an seinen Flossenstrahlen giftige Petermännchen und ...

... der schlanke, manchmal über einen Meter große Lengfisch.

Es ist immer wieder ein Erlebnis, diese ungemütliche Erscheinung rasch zu durchstoßen und hinunterzugelangen in das beinahe glasklar wirkende Tiefenwasser der Ostsee. Der weite Raum bis zum Grunde wird von flaschengrünem Dämmerlicht beherrscht, das bis in große Tiefen fällt und wesentlich gemütlicher wirkt als die wellengepeitschte Meeresoberfläche oder die trübe Sprungschicht.

Tiefe Tauchgänge werden kaum jemals auf gut Glück ausgeführt, einfach irgendwohin, wo es tief ist. Meist gibt es konkrete Ziele wie etwa ein Felsriff, ein tief liegendes Steinfeld oder ein Wrack. Manchmal ist das Tauchziel auch einfach eine rätselhafte Formation auf der Anzeige eines Echolotes, die erforscht werden soll.

Schon das tiefe Freiwasser wirkt rätselhaft und irgendwie „ozeanischer". Wir können hier unten mehr und größere Quallen antreffen als im Oberflächenwasser. Die oberflächlich kaum zu findenden Seestachelbeeren können in 20 Meter Tiefe in Massen durch den Raum schweben. Mitunter entdecken wir Besonderheiten wie die birnenförmige arktische Glas-Lappenqualle, die sich durchaus in Nord- und Ostsee verirrt, aber salzreiches Wasser benötigt.

Auf tiefem Sandboden mit einzelnen Findlingen sind mitunter Lengfisch und Petermännchen zu entdecken. Der Leng gehört zu den Dorschen, was an der vorstehenden Kinnbartel gut zu sehen ist, und hat dennoch einen „aalartig" langen schlanken Körper. Petermännchen sind still liegende Grundfische, die oft halb oder sogar bis an den Kopf im Sande eingegraben auf Beute lauern. Petermännchen sollten keinesfalls berührt werden, denn ihre Kiemendeckelspitzen und Rückenflossenstrahlen führen Gift.

Die Steine sind in diesen Tiefen überwiegend mit Miesmuscheln überzogen. Bei gutem Lichteinfall kann es auch Flächen mit Meersaiten, Gabelzweigtang, Rotem Horntang und Kammtang geben. Besonders beeindruckend sind die „Büsche" des Blutroten Seeampfers, die wir manchmal sogar noch jenseits der 20 Meter Tiefe auf kahl wirkendem Grunde finden.

Während es im Flachwasser vor **Wismar** Glückssache ist, auch nur einen Seestern von der Größe einer Münze zu entdecken, belagern in salzreichen Tiefen handgroße Seesterne weite Flächen des muschelbedeckten Grundes. Seesterne sind die „Tausendfüßler" des Meeres, denn sie laufen auf hunderten kleinen Saugfüßchen, die sich auf der Unterseite befinden, über den Grund. Mit diesen Saugfüßchen heften sich Seesterne auf beiden Seiten von Muscheln an und schaffen es, deren Schalen ganz allmählich gewaltsam zu öffnen, um die Muscheln zu fressen.

Wracks und Felsen sind nicht allein dicht mit großen Miesmuscheln bedeckt, nein, bei erhöhtem Salzgehalt finden wir hier auch hübsche Keulenpolypenkolonien, geradezu flächige Vorkommen der nur sieben Zentimeter hohen Röhrenpolypen und sogar die bunten Schmuckstücke des Meeres, die Nacktschnecken. Inmitten der Muschelbänke haften tiefrote Tangbeeren, eine Seescheidenart.

Weit vor der Küste kann das Wasser so klar sein, dass wir auch unterhalb der Temperatursprungschicht kleine Seegraswiesen finden. Vor allem dort leben die Klippenbarsche. Dabei handelt es sich um etwa 15 Zentimeter große Lippfische, die hellbraun gefärbt sind und am oberen Schwanzstiel einen schwarzen Punkt tragen.

Auch ohne ganz dicht an die scheuen Klippenbarsche heranzukommen, weiß man oft schon auf Entfernung, wer das ist: Klippenbarsche schwimmen, indem sie ihre Brustflossen gleichzeitig nach hinten schlagen und den Körper nachschleppen. Dadurch ergibt sich eine eigentümlich wippende, beinahe albern wirkende Art der Fortbewegung, völlig anders als bei den meisten Fischen, bei denen die Schwanzflosse der „Hauptantrieb" ist.

Tief liegende Wracks wie etwa der Kreidesegler **vor Rostock** in 27 Meter Tiefe werden fast vollständig von marinen Blumentieren wie den Seenelken in Besitz genommen. Die größten Exemplare werden knapp einen halben Meter hoch und sind weiß bis rehbraun gefärbt. Wo es Seenelken gibt, hat man manchmal auch das Glück, den wuchtigen Taschenkrebs zu sehen.

Hier unten lässt sich gut verfolgen, dass auch die berühmt-berüchtigten Bohrmuscheln, die Holzwracks in kurzer Zeit zerstören können, tief in die salzreiche Unterwelt der mittleren Ostsee vorgedrungen sind. Allerdings benötigen diese Bohrmuscheln nicht unbedingt Holz, sondern sie graben sich auch erfolgreich durch feste Sedimenthaufen und scheinen dabei genug Nahrung zu finden.

Die Lebewelt der salzreichen Tiefen lässt sich am besten im Seegebiet von **Fehmarn bis zur Darßer Schwelle** erkunden. Diese Darßer Schwelle ist ein unterseeischer Höhenzug, der sich vom **Darß in Richtung Schweden** hinzieht und so flach ist, dass das schwere salzreiche Tiefenwasser nur unter ganz besonderen Bedingungen und nur sehr selten weiter östlich als bis zum Darß vordringen kann.

Sehr marine Umgebungen mit dennoch „typischem Ostseetouch" finden wir beim Tauchen vor **Gahlendorf, Klausdorf und Staberhuk auf Fehmarn,** in über 15 Meter Tiefe vor dem **Groß Klützhöved,** im **Krakentief bei Wismar,** mindestens jenseits der 10-Meter-Tiefenlinie vor **Kühlungsborn** und **Nienhagen** und auch beim Schiffstauchen nördlich **Rostock** in mehr als 20 Meter Tiefe.

Da unsere Ostsee am Südufer nur allmählich tiefer wird, sind sehr oft Tiefen jenseits der 10 Meter durch Schwimmen vom Ufer aus nicht erreichbar und man muss per Boot, möglichst unter sachkundiger Anleitung der ansässigen Tauchbasen, hinausfahren.

Auf See

Vom Ufer aus zu schnorcheln ist eine wunderbare Sommerunternehmung. Von der Küste weg mit dem Pressluftgerät zu tauchen gewährt uns noch mehr Einblicke in das Leben der Ostsee. Doch das größte Abenteuer bleibt die Ausfahrt auf das Meer mit einem Taucherschiff. Auf einer solchen Unternehmung erleben wir nicht allein Tauchen vom verankerten Schiff auf hoher See, sondern auch das ganz besondere Abenteuer Seefahrt und das Meer mit allen seinen Launen. Wenn Seefahrt nicht gerade Ihr Hauptberuf ist, wartet ein ungewöhnliches aufregendes Erlebnis auf Sie. Denn es klingt nicht nur romantisch, im Windschatten von **Bornholm** zu ankern oder bei **Moen** einen Sonnenuntergang zu erleben, es ist auch etwas Besonderes.

Die Ostseetauchschiffe laufen gewöhnlich mindestens für das Wochenende und für längstens 10 Tage zu Tauchfahrten aus. Die ganze Zeit wohnt, schläft, isst man an Bord und hat naturgemäß kurze Wege zum Tauchen.

*MS ARTUR BECKER aus Greifswald ist eines der bekanntesten Tau-
cherschiffe der Ostsee.*

Noch längere Fahrten sind weniger sinnvoll, weil sich
beim tiefen Tauchen in kaltem Wasser das Blut immer mehr
mit Stickstoff aufsättigt und tägliches Tieftauchen über mehr
als 10 Tage hinweg nicht angeraten werden kann. Wenn
man Schiffe nicht gewöhnt ist, dann wird trotz der Freude
über die Reise nach einigen Tagen die ungewohnte Enge an
Bord, die Dichte des Zusammenlebens mit anderen anstren-
gend und man kommt gern wieder an Land.

Am Abend vor dem Auslaufen ist gewöhnlich ein Treffen
auf dem Schiff angesagt. Und es ist ein ganz besonderes
Erlebnis, bei Sonnenuntergang an einem jener kleinen Ost-
seehäfen anzukommen, wo im Lichte der blauen Stunde das
behäbige Taucherschiff inmitten von Fischkuttern und
Yachten am Kai liegt. Dieses Schiff wird in den kommenden
Tagen „Zuhause" und Tauchbasis sein. Wenn die Lichter an
Bord schon brennen, hat es etwas Anheimelndes.

Am ersten Abend ist meist nur ein Vertreter der Besatzung
an Bord, der Neulinge einweist und die Kojen zuteilt, erklärt,
wo und wie die Tauchausrüstung verstaut werden soll. Das
ist gar nicht so unwichtig, schließlich soll auch bei Seegang
nichts beschädigt werden.

Immer neue Leute treffen ein, derweil die zuerst Ange-
kommenen schon an Deck sitzen und die schauerlichsten
Tauchgeschichten, das sogenannte „Taucherlatein", zum

Abenteuer Seefahrt: Das Wetter „diskutiert" bei einer Ausfahrt mit dem Taucherschiff immer mit.

Besten geben. Leise gluckst das Wasser zwischen Bordwand und Kai und für Momente hängt jeder still seinen Gedanken nach. Als Schlechtwettervariante haben manche Taucherschiffe auch eine Taucherbar in ihren Aufbauten ...

Auf dem Schiff zu schlafen ist aufregend. Ob der ungewohnten Geräuschkulisse kommt man lange nicht zur Ruhe. Durch den Stahlrumpf werden viele Geräusche weit übertragen, und so hört man Türen klappen, Leute trappeln, Wasser durch Leitungen fließen, Pumpen arbeiten und vieles andere mehr.

Am Morgen des ersten Tages setzt hektische Betriebsamkeit ein, denn für gewöhnlich will der Kapitän nach dem Frühstück am ersten Tauchplatz angekommen sein. Wenn es draußen noch dämmert, springt als erstes Aggregat der „Jockel" an. Das ist ein kleiner Generator mit Dieselmotor, der ab sofort das Schiff vom „Landstrom" unabhängig macht.

Falls Sie jetzt an Deck gehen, erleben Sie mit, wie das armdicke Stromkabel eingeholt wird, dass das Schiff für die Hafenliegezeit von Land versorgte. Mit dumpfem Röhren wird die Hauptmaschine angelassen. Der große Schiffsdiesel muss geraume Zeit warmlaufen. Die Fenster auf der Kommandobrücke sind offen und der Kapitän schaut herunter.

Entsprechend seinen Kommandos „Gangway ein ... Spring los und ein ... Vor- und Achterleine los und ein" agiert die Besatzung an Deck. Bald kommt das Schiff frei vom Liegeplatz und der Rudergänger nimmt Kurs auf die Hafenausfahrt. An Molen und Leuchtfeuern vorbei geht es hinaus auf Bodden und Ostsee. In flachen küstennahen Gewässern müssen große Taucherschiffe die rot und grün betonnten Schifffahrtswege benutzen.

Der Tagesablauf auf den Taucherschiffen der Ostsee ist meist so geplant, dass zwischen Frühstück und Mittagessen ein erstes Wrack betaucht wird. Wer wegen der langen Anreise zur Küste bis zum Erreichen der ersten Wrackposition geruht hat, wird bei einem entsetzlichen Rasselgeräusch aus der Koje springen: Die Ankerkette rauscht aus dem Kettenkasten, wenn der Tauchplatz erreicht ist.

Nach dem Tauchen dampft das Schiff zu einem nächsten Wrack und zwischen „Coffetime" und Abendessen findet ein zweiter Tauchgang statt. Nach jedem Tauchgang herrscht an Deck Betrieb, denn die Taucherflaschen müssen mit entsprechenden Kompressoren wieder gefüllt werden. An besonders attraktiven oder wegen Windexponiertheit nur schwer erreichbaren Wrackpositionen kann das Tauchschiff auf Wunsch der Gäste auch länger ankern.

Die Tauchziele von Schiffsausfahrten sind in der Regel Wracks. Der Plan der Tauchgänge wird von Gästen und Veranstalter vorab mit dem Kapitän besprochen. Je nach taucherischer Qualifikation und den Wünschen der Gäste werden tiefliegende oder weniger tiefe Wracks angesteuert. Denn sogenannte „Biotauchgänge", zur Betrachtung von Fischen und Pflanzen, unternehmen die meisten Taucher von Land aus.

Mit dem Schiff wollen alle zu Tauchplätzen, die von Land aus unerreichbar sind. Dennoch kommt auch auf solchen Fahrten die Naturbetrachtung nicht zu kurz, denn: Es passiert beinahe auf jeder Fahrt, dass an manchen Tagen der Wind zu heftig ist, um an Tauchen auf dem freien Meer auch nur zu denken. Dann wird an geeigneten Plätzen unter Land geankert. Hier können die Taucher den Meeresgrund im Umfeld des Schiffe erforschen oder werden mit dem Schlauchboot an Land gebracht, um in Richtung des Schiffes zu tauchen.

Das Schiff ankert aus Sicherheitsgründen immer über mindestens 10–15 Meter tiefem Wasser, auch über Nacht. Diese Tiefe ist ideal für Nachttauchgänge, die beinahe jeden Abend möglich sind. Dabei sieht man meist wesentlich größere Fische als bei Tageslicht und unter Land.

Nachttauchgänge können viele Ihrer Tauchfertigkeiten fordern, denn meist navigiert man nach Kompass und taucht auf einem Dreieckskurs vom Schiff weg und wieder zurück. Wenn das Wasser an der Oberfläche der Ostsee strömt, kann es erforderlich sein, das beleuchtete Grundtau unter dem Schiff tauchend wieder zu finden, notfalls per Auftauchen, Kurs peilen und erneutem Abtauchen.

Obwohl es für jede Fahrt einen Tauchplan mit erwünschten Zielen gibt, kann dieser nicht immer realisiert werden, denn das Wetter „diskutiert immer mit". Bei Starkwind und entsprechendem Wellengang besteht das erste Problem noch nicht einmal im Tauchgang selbst, sondern darin, dass die Taucher wegen starker Oberflächenströmung den markierten Tauchplatz vielleicht gar nicht erreichen können.

Bei Oberflächenströmung gibt es immerhin noch die Möglichkeit, den Tauchgang zu erzwingen: Der voll ausgerüstete Taucher springt dazu vom Taucherschiff ins Wasser und hält sich außen an einem als Beiboot ausgesetzten Motorschlauchboot fest. So wird man bis zu jener Boje gezogen, die das Wrack markiert. Das klingt zwar hart, aber die Ausrüstung bei hohem Seegang im schwankenden Schlauchboot anzulegen ist noch schwieriger, ja beinahe unmöglich.

Doch oft ist es nicht empfehlenswert, einen Tauchgang im Grenzbereich des gerade noch beherrschbaren Wetters zu erzwingen. Vor allem dann nicht, wenn laut Wettervorhersage der Wind noch zunehmen soll. Denn dann wird vor allem das Wieder-an-Bord-kommen ein lebensgefährliches Manöver, bei dem kaum Hilfe möglich ist.

Schließlich müssen Sie mit all Ihrer Ausrüstung aus der stark wellenbewegten Ostsee über die Taucherleiter wieder an Deck steigen. Und das kann der härteste Teil des Tauchganges werden, wenn Sie schwer bepackt mit großen Pressluftflaschen auftauchen und sehen, wie vor Ihnen die Taucherleiter mit dem schwankenden Schiff zwei bis drei Meter auf und ab rast. Da gilt es den richtigen Moment abzupassen, die Sprossen der Leiter kräftig festzuhalten und schnell

Verladung von Tauch- und Kameraausrüstung ins Beiboot des Tau-cherschiffes

zu sein. Falls man dennoch wieder von der Leiter gewaschen wird, heißt es weit weg zu springen, um nicht unsanft mit der Leiter und dem stampfenden Schiff zu kollidieren. Und ein neuer Versuch beginnt. Wer das einmal miterlebt hat kann sich für immer gut erinnern, dass sich der jeweilige Wellengang von Deck des Schiffes völlig anders betrachtet als aus der Position des zum Schiff aufblickenden, in der Ostsee treibenden Tauchers.

Im Allgemeinen arbeiten Berufstaucher bis Wind vier und unerfahrene Ostseetaucher sollten sich nicht mehr zumuten. Weil der jeweils aufkommende Seegang selbstverständlich von der Position des Schiffes auf der Ostsee und der möglichen Windanlaufstrecke abhängt, sind für erfahrene Taucher manchmal auch Tauchgänge bei Wind fünf und sechs möglich. Mehr geht nicht.

Die Entscheidung über Tauchen und Nichttauchen liegt eindeutig beim Kapitän, nicht bei eventuell mitreisenden Tauchlehrern und Veranstaltern der Reise. Der Kapitän ist moralisch wie gegenüber den Behörden dafür verantwortlich, Menschenleben und Schiff nicht unnötig in Gefahr zu bringen.

Er kennt sein Schiff, sein Fahrtgebiet in der Ostsee und natürlich auch die Eckdaten für einen angenehmen, möglichst wenig gefährlichen Tauchbetrieb.

Zuweilen müssen Tauchgäste daran erinnert werden, dass der größere Teil der Taucher eine Urlaubstauchfahrt gewünscht und gebucht hat und keine militärische Übung, die unter allen Umständen stattfindet. Die entsprechenden Diskussionen unter den Tauchern sind psychologisch hochinteressant und es ist immer wieder erstaunlich, wie man sich selbst und andere unter außergewöhnlichen Umständen besser kennenlernt. Auch das ist ein wertvoller Aspekt jeder Seereise.

Allein das Auffinden eines Wracks ist eine seemännische Kunst für sich. Meist können Tauchgäste auf der Kommandobrücke die Arbeit des Kapitäns mitverfolgen. Dieser hat die geographische Position jedes Wracks in der Seekarte eingezeichnet und auch in den elektronischen Navigationssystemen gespeichert.

Nunmehr fährt der Rudergänger das Schiff genau nach den Kursvorgaben des Kapitäns. Kurz vor Erreichen der Wrackposition wird die Geschwindigkeit des Schiffes herab-

Tauchbetrieb an Deck des Ostsee-Taucherschiffes ARTUR BECKER: Im Vordergrund links die nötigen Pressluftflaschen

gesetzt. An Deck stehen die Tauchhelfer bereit, um auf Kommando ein schweres Gewicht mit Leine und Markierungsboje über Bord zu werfen. Sobald der Kapitän auf dem Display des Echolotes das Wrack angezeigt bekommt, gibt er das Kommando zum Wurf. Trotz aller modernen Technik ist es sehr erfahrungsabhängig, die Fahrtgeschwindigkeit des Schiffes, die erwartete Tiefe, den Zeitpunkt des Wurfes und die Sinkgeschwindigkeit des Grundgewichtes so zu kalkulieren, dass letzteres auf dem oder dicht am Wrack liegt.

Dennoch ist zu diesem Zeitpunkt nur der Wrackliegeplatz mit einer kleinen Boje im wogenden Meer markiert, das Schiff jedoch daran „vorbeigerauscht". Nun folgt ein weiteres seemännisches Kunststück: Das Ankermanöver. Damit ein Anker wirklich hält oder trägt, wie der Seemann sagt, muss Ankerkette von der Länge der drei- bis vierfachen Wassertiefe gesteckt werden. Das Schiff muss deshalb gegen den Wind in die richtige Entfernung von der Wrackboje gesteuert werden. Dann fällt der Anker. Und die Seeleute lassen mit dem Wind abfallend soviel Kette ausrauschen, bis das Schiff genau über dem Wrack oder wenigstens dicht neben der Wrackboje liegt. Dabei ist nicht allein die erkennbare Windrichtung in Betracht zu ziehen, sondern auch die Oberflächenströmung des Wassers, die meist anders als die Windrichtung verläuft und ebenfalls Einfluss auf die endgültige Lage des Schiffes vor Anker hat. Voll ausgerüstete Taucher können im Seegang nur kurze Strecken schwimmen. Es ist unklug, sich vor dem Tauchen sehr anzustrengen und die Atemfrequenz zu steigern. Dennoch ist für das Ostseetauchen mit seinen Wellen und Strömungen eine gewisse Grundfitness nötig. Es geht dabei nicht um sportliche Höchstleistungen, aber um Ausdauer. Die Besatzung von Taucherschiffen kennt die Probleme und versucht das Schiff in die bestmögliche Position über dem Wrack zu bringen. Wenn etwas schief geht, muss das ganze Ankermanöver wiederholt werden, aber das ist selten.

Es ist also ziemlich aufwändig, an ein Ostseewrack überhaupt erst einmal heranzukommen. Doch wenn man mit angelegter Ausrüstung vom Schiff zur Wrackboje hinüberschwimmt, ist alles vergessen: Tauchausbildung, weite Anreise, Ausrüstungsstress, Seekrankheit, was immer. Das Abenteuer ruft. Eine fingerdicke Leine führt hinunter ins magische Licht der Ostsee. Und unsere Phantasie beschäftigt sich mit dem Wrack, bis seine realen Konturen im dunkelgrünen Ostseewasser sichtbar werden ...

Berühmte Ostseewracks

Wracktauchen in der Ostsee ist eine beinahe unglaubliche Zeitreise, mit der Realität alter Schiffe am Meeresgrund werden verschiedene Zeitepochen europäischer Geschichte für uns verständlicher, ja geradezu handgreiflich. Doch nie sind die Wracks vollständig, selten lassen sie sich im Dämmerlicht des Baltischen Meeres völlig überblicken, und so bleibt neben dem Sichtbaren, Vermessbaren, Fotografierbaren immer Spielraum für die Phantasie: Wir stellen uns vor, was einst geschah. Und der eine erträumt sich vielleicht besondere schiffsarchäologische Erkenntnisse, während der andere hinter den Wracks Schicksale und emotional berührende Stories wie in Camerons Titanic-Film sieht.

Die Kogge: Unser Taucherschiff giert vor Anker im heftigen Wind der **Prorer Wiek**. Wir tauchen ab und finden in

Dicht bewachsen ragen die Spanten des alten Holzseglers ins grüne Ostseewasser auf.

beinahe smaragdenem Licht das mystische Gerippe eines Holzsegelschiffes. Kielbalken und der Steinballast des alten Schiffes sind noch vollständig vorhanden. Dort haben viele flinke Schwarzgrundeln ihre Verstecke. In regelmäßigen Abständen ragen die Spanten, gleichsam die Rippen des Schiffes, ins Wasser auf. Auch Steven und Steuerruder stehen noch aufrecht am Meeresgrund, Deck und Takelage hingegen sind längst zerfallen.

Ob das Rundholz im Wrack einst der Mast war? Der sehr gerade, steil aufragende Steven lässt uns vermuten, dass dieser Holzsegler einst eine Kogge war. Das ist keineswegs sicher, aber das Wrack hat damit seinen Namen bekommen. Und an Bord eines Taucherschiffes lässt es sich ebenso gut träumen wie diskutieren – jeder, wie er mag – ob dieses geheimnisvolle Holzwrack wohl schon seit den Zeiten von Hanse und Klaus Störtebeker am Meeresboden ruht.

Der Kreidesegler: Etwa sieben Seemeilen **vor Rostock** ruht in 27 Meter Tiefe das Kreidewrack. Dieses reichlich 20 Meter lange Holzsegelschiff ist bis unters Deck mit Kreide beladen. Das Wrack erhebt sich etwa drei Meter über den Grund und wir können hier unten nicht allein einen großen Teil des Schiffsrumpfes, sondern auch viele schiffbauliche

Details wie Bugspriet, Maststümpfe, Lukensülle und die Ankerwinde – ein Bratspill – entdecken. Das Heck des Schiffes ist beschädigt und mit einigen Fischernetzen „dekoriert".

Viele Taucher finden jedoch am schönsten, dass dieses Wrack einer Brigg stark mit wunderschönen Seenelken bewachsen ist. Das verleiht dem alten Holzschiff einen gewissen romantischen Touch. Eine solche Pracht können wir nur in den Tiefen westlich der **Darßer Schwelle** erwarten, wo das salzreiche Tiefenwasser aus der Nordsee immer wieder Zugang bekommt.

Der Kaiserliche Kreuzer: In mehr als 45 Meter Tiefe liegt bei **Rügen** der Kleine Kreuzer WACHT. Tauchgänge hier sind anspruchsvoll. In dieser Tiefe ist es bereits sehr dunkel und das Wrack ist 85 Meter lang, was eine erhebliche Grundzeit ergibt, wenn man „alles" sehen will. Das kaiserliche Schiff wurde während Marinemanövern im Jahre 1901 von einem anderen Schiff versehentlich gerammt und sank sofort.

Die WACHT diente einst Repräsentationszwecken des deutschen Kaisers und ist deshalb für ein Kriegsschiff recht „edel" ausgestattet: Am Vorschiff gibt es eine schöne Bugzier wie an alten Segelschiffen, die Bronzepoller tragen schicke Reliefs, an Deck finden wir Teile aus Teakholz. Um das alles inclusive der teilweise erhaltenen Kommandobrücke, der Trümmer neben dem Wrack und dem Einblick in die Schiffswerkstätten gebührend zu würdigen, braucht man ziemlich große Gasvorräte. Die WACHT ist eines der tollsten und detailreichsten Wracks im Ostseeraum.

Der Dampfer: Der Tauchcomputer zeigt 42 Meter. Es ist dämmrig, wir schalten die Lampen ein. Wenige Meter vor uns wölbt sich riesenhaft und nachtschwarz das Wrack. Ein düster-schöner Augenblick. Wir schwimmen näher und erkennen das Heck des untergegangenen Dampfers. Das Schiff liegt auf der Seite. Es ruht vermutlich seit der Zeit um 1910 in Sichtweite der **Arkonatonne**.

Unterm Heck sind das Steuerruder und die altertümlich geformte Schiffsschraube zu erkennen. Nach kurzer Betrachtung der gewaltigen Szenerie, wohl jeder Propellerflügel ist so groß wie ein Taucher, umschwimmen wir das Heck erneut und kehren auf die Seite mit dem Deck zurück. Die Deckbeplankung ist längst zerfallen, die Decksbalken stehen wegen der Schräglage des Schiffes beinahe senkrecht zum Grund.

Wir tarieren uns so aus, dass wir etwa parallel zur Kiellinie in halber Höhe über Grund am Deck entlang schweben können. Weit kann man in die Lade- und Maschinenräume des alten Dampfers hineinsehen. Allerhand Teile sind aus ihren Verankerungen gerissen und liegen unten im Schiff. An der Oberkante des alten Dampfers weht feiner roter Tang in der schwachen Strömung. Dort erscheint auch ein kleiner bunter Butterfisch im Lichtkegel der Lampe.

Die Krönung sind jedoch die weit vorn liegenden Aufbauten des Schiffes. Darin sind noch viele Details zu erkennen und in der Kommandobrücke steht ein etwa mannslanger Dorsch. Auf dem Vordeck sind Decksausrüstungen wie Poller und Spills erhalten. Dann ist die Bugspitze erreicht.

Kontrollblicke auf den Flaschendruck und die Tauchcomputer sagen uns, dass ein Zurücktauchen zur Bojenleine zu lange dauern, zumindest sehr viel Dekompressionszeit erfordern würde. Nach Verständigung per Handzeichen leiten wir den langsamen Aufstieg ein. Nach diversen Sicherheitsstops setzen wir die Signal-Stabboje, um vom Schiff gesehen zu werden, und tauchen auf. Die Zeit ist rasend schnell vergangen. Wir waren 40 Minuten im Wasser.

Das U-Boot: Langsam bremsen wir den freien Fall mit unseren Tarierjackets und kommen zwischen 30 und 35 Meter

Taucherin am Propeller des russischen U-Bootes, das zwischen Bornholm und Rügen unterging.

Tiefe zum Stehen. Schon von hier oben können wir den Umriss des großen russischen U-Bootes sehen. Wie eine stählerne Zigarre liegt es in der Tiefe unter uns. Die Sicht im Wasser reicht nicht aus, um beide Bootsenden zu sehen. Am Grund wird es 46 Meter tief sein. Gemessen umrunden wir das Boot. Es war eines der größten jemals gebauten dieselelektrischen Boote der Welt.

Neun Meter hoch ragt der Turm auf. Die Luken sind offen, die Torpedorohre gut zu sehen. Hochinteressant auch die Region um Ruder und Propeller. Ein gespenstischer Kriegsapparat. Gut zu wissen, dass mit diesem Boot keine Menschen untergingen. Es riss bei **Bornholm** von der Schlepptrosse ab, als es in den achtziger Jahren des vorigen Jahrhunderts zur Verschrottung geschleppt werden sollte. Zwei Tauchgänge pro Tag in diese Tiefen erfordern lange Dekompressionstops. Die erleichtern wir uns durch den Einsatz von Nitrox, sauerstoffangereicherter Luft, auf den letzten Metern des Aufstieges.

Die Fähre: Das polnische Fährschiff JAN HEWELIUSZ ging 1993 in heftigem Sturm nordöstlich von **Rügen** unter. Wir tauchen am Heck des Wracks hinunter auf 27 Meter Tiefe. Der Meeresgrund neben dem Wrack ist heller Sand. Wie ein riesiges finsteres Höllentor erhebt sich die Heckansicht der auf der Seite liegenden Fähre über uns. Wir sehen Schlingerkiel und Schiffsschrauben, die Einfahrten zum Eisenbahndeck und zum LKW-Deck. In den Decks liegen gut erkennbar halb zerstörte Trucks. Abseits ruht die Heckklappe des Schiffes auf dem Meeresboden.

Große Flächen der Fähre sind mit Miesmuscheln bewachsen, über denen Seeskorpione leben. Außerdem beobachten wir auch den gelblich-grauen, langgestreckten Butterfisch, der je nach individueller Färbung Aalmuttern sehr ähnlich sein kann. Maul und Kopf von Butterfischen sind jedoch weniger wuchtig ausgebildet als bei Aalmuttern. Darüber hinaus tragen die graugelblichen Butterfische 9 bis 13 dunkle Flecken an der Basis der langgezogenen Rückenflosse. Butterfische leben überwiegend von Kleintieren wie Flohkrebsen und Asseln.

Im Spalt zwischen der Bordwand des Schiffes und dem Meeresboden halten sich viele große Dorsche auf. Die verschiedenen Decks sind betauchbar, die Decksplatten längst

Riesengroß erhebt sich der düstere Stahlrumpf der gesunkenen Fähre
JAN HEWELIUSZ über den Grund.

Tauchgang in den haushohen Fahrzeugdecks des Fährschiffwracks

Hier steht eine Luke offen. Würden Sie an dieser Stelle ins Wrack hineintauchen?

abgefallen. Aufbauten und Brücke sind zerstört. Im Bugbereich kann man unter dem freigespülten Wulstbug durchtauchen und die großen Bugstrahlruder inspizieren. Bei Seegang knarrt und quietscht und reibt das Wrack innerlich. Stahl auf Stahl. Eine gespenstische Sinfonie, die daran erinnert, dass wir im Meer nur geduldete Gäste auf Zeit sind.

Wracks sind die größten Geheimnisse der Ostsee. Und die Ostsee ist das ideale Meer für das Wracktauchen. Wahrscheinlich sind in der Ostsee mehr Wracks verschiedenster Zeitepochen erhalten geblieben als irgendwo sonst auf der Welt. Allein in der Ostsee kann man „Wrack pur" genießen, sieht nahezu alles, was übrig ist.

In den salzreicheren Weltmeeren und unter tropischen Verhältnissen hingegen bewachsen Wracks sehr schnell und es sind längst nicht mehr alle Details zu erkennen. Außerdem zerstören die Bohrmuscheln unter salzreichen Verhältnissen rasch alle Holzwracks. Dies kann zumindest in der mittleren und östlichen Ostsee nicht geschehen, wo die Bohrmuscheln auf Grund des schwach salzhaltigen Wassers kaum noch leben können.

Der stabile Temperatur-Schichtung des Ostseewassers und ihr Brackwassercharakter verlangsamen zum Teil sogar die natürliche Zersetzung von Eisen- und Stahlschiffen, wenn es in der Tiefe verringerte Salzgehalte und wenig Sauerstoff gibt. Und so wird diese Schatzkammer alter Schiffe noch lange erhalten bleiben als Zeugnis für den Erfindungsreichtum der Menschen. Für all die jung gebliebenen Abenteurer, die mit Maske und Schnorchel und Freude am eigenen Erleben die Garnelen am Badestrand beobachten. Und sich, wer weiß, irgendwann an Bord der Taucherschiffe begegnen werden. Um ihre eigenen Geschichten auszutauschen. Geschichten von der selbst erlebten Ostsee.

Weiterführende Literatur

DEHAAS, W. und F. KNORR: *Was lebt im Meer an Europas Küsten?*, Zürich, Stuttgart, Wien, 1990, (Bestimmungsbuch).

DREYER, E.-M. und A: WARTENAU: *Tiere an Strand und Küste*, Stuttgart, 1996, (Kinderbuch).

FALCO, A.: *Mein abenteuerliches Leben auf der Calypso*, Bern, München, Wien, 1991.

FIEDLER, W.: *Entdeckungen unter Wasser*, Leipzig, 1982, (Kinderbuch).

HUPFER, P.: *Die Ostsee – kleines Meer mit großen Problemen*, Leipzig, 1978.

JONAS, P.: *Unterwasserwelt Ostsee*, Hamburg, 1997, (Bestimmungsbuch).

KROMP, T., H. ROGGENBACH und P. BREDEBUSCH: *Praxis des Tauchens*, Bielefeld, Stuttgart, 1997, (Lehrbuch für Gerätetauchen).

KÜSTER, H.: *Die Ostsee – Eine Natur- und Kulturgeschichte*, München, 2002.

KUTZER, H. (Hrsg.): *Das ist die Ostsee –Literarische Eindrücke von Flensburg bis Usedom*, Rendsburg, 1998.

LEITHE-ERIKSEN, R.: *Die Ostsee*, Greenpeace, 1992.

LÜCHTENBERG, D.: *Schnorcheln und Tauchen mit Kindern und Jugendlichen*, Aachen 2002, (mit Schnorchelschule).

MEER und MUSEUM: *Schriftenreihe des Deutschen Museums für Meereskunde und Fischerei*, Stralsund, (ständige Reihe).

MUUS, B. J. und P. DAHLSTRÖM: *Meeresfische*, München, 1991, (Bestimmungsbuch).

ODEWALD, L.: *Robbi geht tauchen*, Hamburg, 1999, (Kinderbuch).

PETRICONI, V. und F. WIELAND: *Süßwasser- und Meeresbiologie*, München, 1999.

RHEINHEIMER, G. (Hrsg.): *Meereskunde der Ostsee*, Berlin, Heidelberg, New York, 1996.

RYAN, P.: *Schnorchelführer Korallenriff*, München, Wien, Zürich, 1995, (mit Schnorchelschule).

WIELAND, F.: *Tauchplätze der Ostsee – von Nordwestmecklenburg bis Usedom*, Hamburg, 1999.

WIELAND, F.: *Tauchreiseführer Ostdeutschland – Der Norden*, Stuttgart, 1993.

WIELAND, F.: *Tauchreiseführer Ostseeinseln*, (mit Fehmarn, Rügen, Bornholm, Gotland und Åland), Stuttgart, 2001.

Ortsregister
Schnorchelreviere

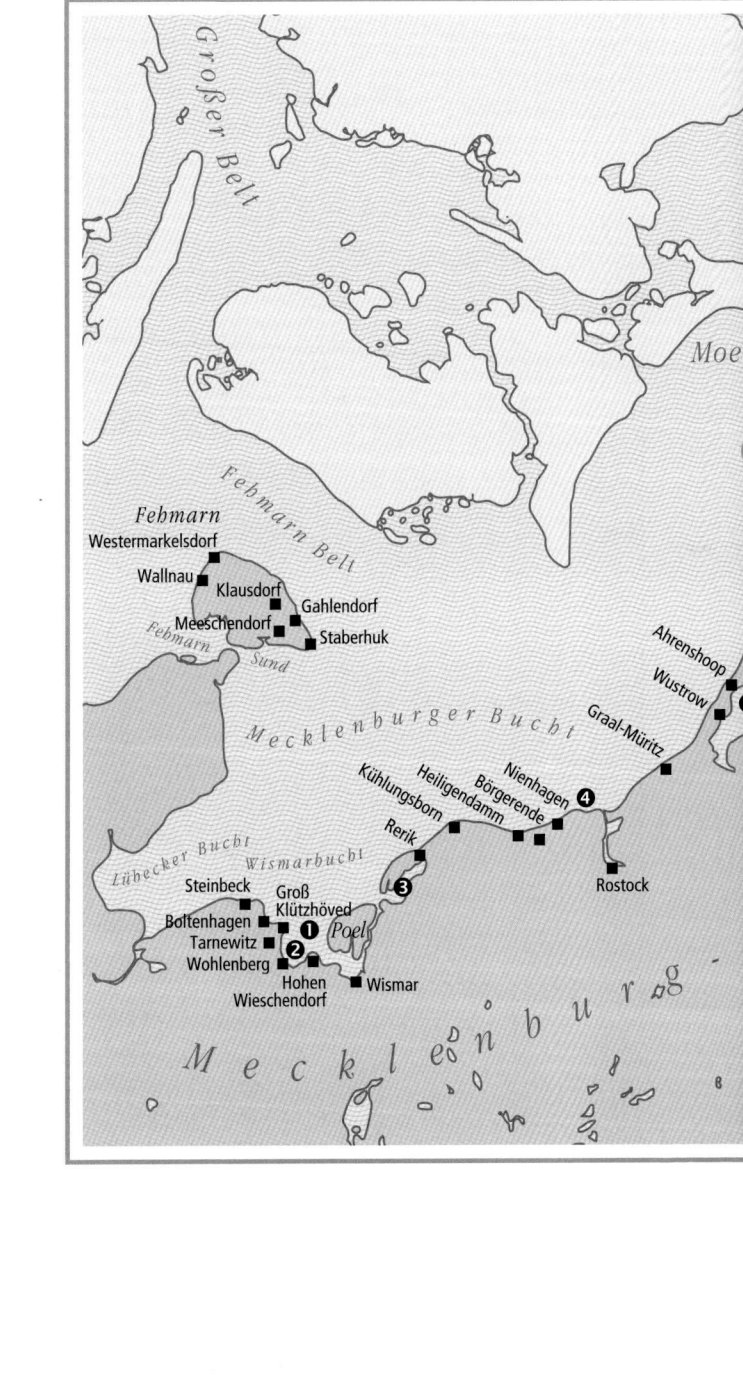

Großer Belt

Moer

Fehmarn Belt

Fehmarn

Westermarkelsdorf

Wallnau

Klausdorf

Gahlendorf

Meeschendorf

Staberhuk

Fehmarn Sund

Ahrenshoop

Wustrow

Mecklenburger Bucht

Graal-Müritz

Nienhagen

Heiligendamm

Börgerende

Kühlungsborn

Rerik

Lübecker Bucht

Wismarbucht

Steinbeck

Groß Klützhöved

Poel

Boltenhagen

Tarnewitz

Wohlenberg

Hohen Wieschendorf

Wismar

Mecklenburg

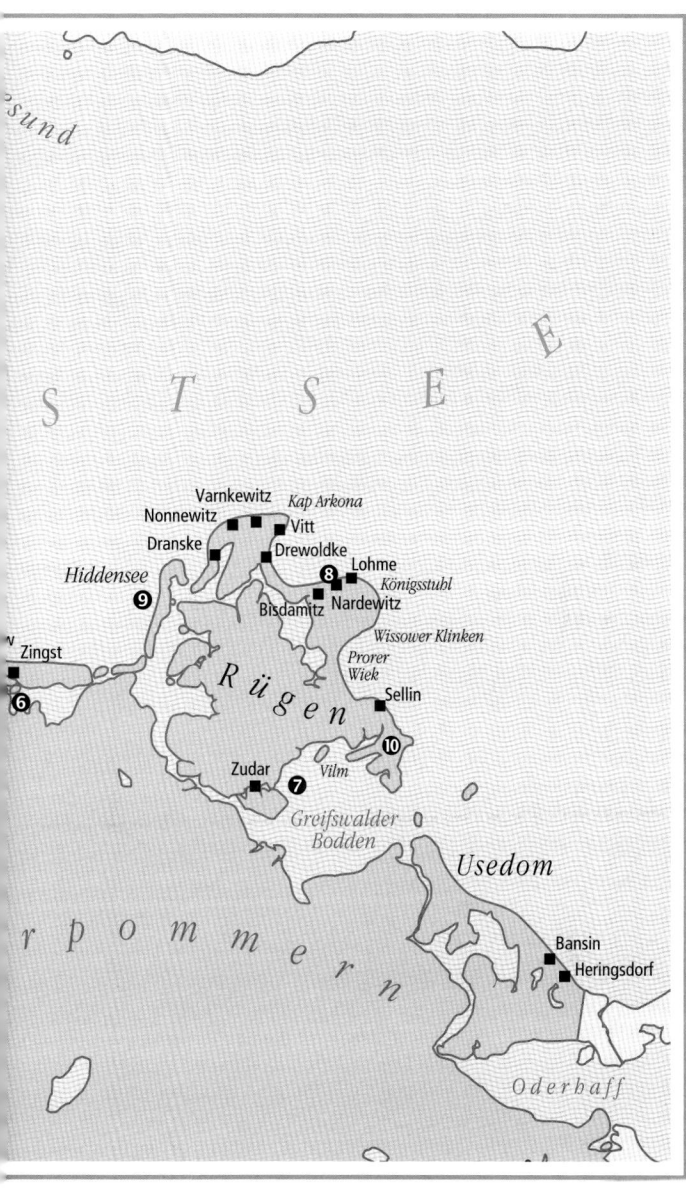

❶ *Krakentief*
❷ *Wohlenberger Wiek*
❸ *Salzhaff*
❹ *Stolteraa*
❺ *Saaler Bodden*
❻ *Barther Bodden*
❼ *Rügischer Bodden*
❽ *Hellgrund*
❾ *Hucke*
❿ *Mönchgut*

Bibliografische Information Der Deutschen Bibliothek
Die Deutsche Bibliothek verzeichnet diese Publikation in der
Deutschen Nationalbibliografie; detaillierte bibliografische
Daten sind im Internet über http://dnb.ddb.de abrufbar.

© Hinstorff Verlag GmbH, Rostock 2003
    Lagerstraße 7, 18055 Rostock
    Tel. 03 81/49 69-0
Internet: http://www.hinstorff.de

1. Auflage 2003

Herstellung: Hinstorff Verlag GmbH
Druck und Bindung: Neumann & Nürnberger, Leipzig
Printed in Germany
ISBN 3-356-00997-4